LANDKREIS LUDWIGSHAFEN

ZWISCHEN RHEIN & WEIN

LANDKREIS LUDWIGSHAFEN

Redaktion: Walther Albrecht
Fotografie: Rainer Stocké

Pfälzische Verlagsanstalt

Alle Rechte vorbehalten
1989
© Pfälzische Verlagsanstalt GmbH, Landau/Pfalz
Herausgeber: Landkreis Ludwigshafen
Redaktionelle Bearbeitung: Walther Albrecht
Fotos: Rainer Stocké,
Wolfgang Ritter, Kurt Keller
Gestaltung: Rainer Stocké, Frankenthal
Gesamtherstellung: Pfälzische Verlagsanstalt GmbH,
Landau/Pfalz
ISBN 3-87629-142-9

Inhalt

Ernst Bartholomé:	Der Landkreis Ludwigshafen Seite 7
Erich Bettag/Hans Ludwig Schmidt/ Franz Stalla:	Landschaft und Natur Seite 15
Rolf Mertzenich:	Zur Geschichte des Landkreises Ludwigshafen und seiner Gemeinden Seite 27
Kurt Becker-Marx:	Vom Bezirksamt zur Kreisverwaltung Seite 37
Nikolaus Matzker:	Die Wirtschaft Seite 43
Herbert Bohle:	Landwirtschaft Seite 48
Meinolf Schmid/ Ernst Prappacher:	Kreisvolkshochschule und Kreismusikschule Seite 67
Meinolf Schmid:	Kulturelles Leben Seite 71
Clemens Jöckle:	Bildende Künstler Seite 73
Irmgard Dobler:	Kommunales Bibliothekswesen Seite 82
Karl-Ernst Gehrke:	Soziale Einrichtungen und Dienste Seite 85
Alois Jung:	Sport Seite 89
Rolf Mertzenich:	Baudenkmäler Seite 99
Gerlinde Bosl:	Bräuche früher und heute Seite 108
Paul Schädler:	Partnerschaft des Landkreises mit Südtirol Seite 114
Walther Albrecht:	Die Partnerschaften der Gemeinden Seite 117
Walther Albrecht:	Ortsporträts:
	Altrip Seite 118
	Bobenheim-Roxheim Seite 121
	Böhl-Iggelheim Seite 124
	Verbandsgemeinde Dannstadt-Schauernheim Seite 126
	Verbandsgemeinde Dudenhofen Seite 131
	Verbandsgemeinde Heßheim Seite 135
	Lambsheim Seite 144
	Limburgerhof Seite 147
	Verbandsgemeinde Maxdorf Seite 151
	Mutterstadt Seite 157
	Neuhofen Seite 160
	Römerberg Seite 162
	Schifferstadt Seite 164
	Verbandsgemeinde Waldsee Seite 169
	Anhang: Die Autoren Seite 172

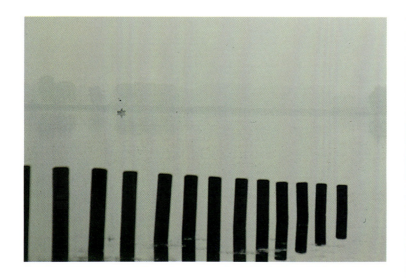

„Land am Wasser". Impressionen aus dem Kreis Ludwigshafen.

ZWISCHEN RHEIN UND WEIN
DER LANDKREIS LUDWIGSHAFEN

Der 1969 neu gebildete, vergrößerte Landkreis Ludwigshafen, dessen Bestand und Zuschnitt lange Zeit umstritten waren, ist inzwischen „volljährig" geworden. Er hat seine Bewährungsprobe bestanden. Als Umlandkreis ist er durch die Nachbarschaft zum Ballungszentrum Ludwigshafen – Mannheim und zu den linksrheinischen Mittelzentren Worms, Frankenthal und Speyer geprägt.

Der Kreis und seine Gemeinden stehen in einem vielfältigen Wettbewerb zu benachbarten Gebietskörperschaften. Einerseits ist der Kreis gehalten, seine zahlreichen Ordnungsaufgaben auf dem Gebiete der Polizei, der Kommunalaufsicht, des Bauwesens, der Lebensmittelüberwachung, der Kraftfahrzeugzulassung, der Landespflege usw. wirksam, bürgernah und gesetzestreu, unter Ausnutzung der Vorzüge einer überschaubaren Verwaltung, wahrzunehmen. Andererseits müssen Kreis und Gemeinden darum bemüht sein, den Bürgern gleichwertige Lebensbedingungen zu ermöglichen – in einer gut bestellten, wohnlichen Heimat. In den vergangenen zwei Jahrzehnten ist dies weitgehend gelungen. Die Anziehungskraft des Landkreises und seiner Gemeinden ist ungebrochen, was den anhaltenden Zuzug von Bürgern erklärt. Es ist eine Infrastruktur geschaffen worden, die sich sehen lassen kann: Eine Vielzahl von Landkreisgemeinden verbindenden Straßen, Kindergärten, die Schulzentren, vier Hallenbäder, Freibadeanlagen, Sporthallen und -plätze in großer Zahl (darunter etliche Großsporthallen), Altenheime, Jugendfreizeitstätten, kulturelle Einrichtungen wie Kreisvolkshochschule und Kreismusikschule, Dorfgemeinschaftshäuser in fast allen Gemeinden und weiteres mehr. Viele Vereine bereichern die Wohn- und Lebensqualität im Landkreis.

Der Landkreis Ludwigshafen wird den bisherigen guten Weg mit Selbstbewußtsein und Gelassenheit, auch im Verhältnis zu den benachbarten Städten, fortsetzen. Künftig wird den Besonderheiten des Landkreises sowie seiner Dörfer und Kleinstädte noch stärker Rechnung getragen werden müssen. Gleichwertige, nicht gleiche Lebensbedingungen sind das Ziel, das heißt, daß die Stadt nicht auf allen Gebieten Vorbild sein soll. Zwar ist der Landkreis Ludwigshafen kein typischer Landkreis, da er sehr dicht besiedelt und mit den Großstädten verflochten ist. Dennoch bestehen Unterschiede zu rein städtischen Strukturen und Verhaltensweisen. Hochhäuser wirken im ländlichen Raum als Fremdkörper; Dorfplätze müssen anders gestaltet werden als großstädtische Fußgängerzonen. Die kreisangehörigen Gemeinden mit ihrer oft tausendjährigen Geschichte können Selbstbewußtsein an den Tag legen. Im Rhein-Neckar-Raum bestehen vergleichsweise günstige wirtschaftliche Gegebenheiten, auch wenn die starke Ausrichtung auf die chemische Großindustrie ihre eigenen Probleme einschließt. Damit lebt die Region.

Über die notwendigen materiellen Leistungen für die Bürger hinaus wird es künftig noch mehr darauf ankommen, die vorhandenen Einrichtungen qualitativ zu verbessern, die natürlichen Lebensgrundlagen zu sichern und Kreis und Gemeinden als Heimat der Bürger unverwechselbar, lebendiger und liebenswerter zu gestalten. Für die Bürger eines weitgehend von der Industrie und ihren rationalen Zwängen geprägten Raumes sind solche „immateriellen" Ziele besonders bedeutsam.

Wegen der guten Infrastruktur wird in den nächsten Jahren die Sanierung, die Verbesserung und der Ausbau der vorhandenen Bausubstanz Vorrang vor dem Neubau haben.

Erfreulich ist die Entwicklung der Geburtenraten, die in den nächsten Jahren – entgegen den ursprünglichen Annahmen – die Erweiterung und stellenweise den Neubau von Kindergärten als familienergänzende Einrichtungen erforderlich machen. Durch die Mitfinanzierung von Sportstätten, Kindergärten, Schulen, sowie durch die Kreismusikschule und die Kreisvolkshochschule wird der Kreis bemüht bleiben, die Bedingungen für Kinder zu verbessern. Mehr Kinderfreundlichkeit setzt indessen auch die Überzeugung voraus, daß Kinder nicht nur eine besondere Verantwortung darstellen, sondern auch viel Freude machen, eine Lebenserfüllung und eine Zukunftsperspektive bedeuten.

Ortserneuerung, Ortsentwicklung und Denkmalpflege werden einer der Schwerpunkte des Handelns, vornehmlich der Gemeinden, mit Unterstützung und Beratung durch den Kreis, sein. Angepaßtes, gut gestaltetes Bauen, unter Berücksichtigung gewachsener Strukturen, ist kein Luxus, sondern mit eine Bedingung dafür, daß sich die Bürger in ihrer Gemeinde wohlfühlen. Gute Beispiele sind die Gestaltung des Königsplatzes in Otterstadt oder das renovierte Schloß in Kleinniedesheim. Die Verwirklichung des Grundsatzes „Innen vor Außen", die behutsame Verbesserung des Innenlebens der Gemeinden ist wesentlich schwieriger als die Schaffung von Neubaugebieten. Dort, wo es möglich ist, sollten die Straßen wieder als Aufenthalts- und Verkehrsraum für alle, auch Radfahrer, Fußgänger, nicht nur für die Autofahrer gestaltet werden. Aus Gründen der Verkehrssicherheit müssen geschwindigkeitsdämpfende Maßnahmen an den Straßen durchgeführt werden.

In nächster Zeit wird eine Denkmaltopographie für den Landkreis Ludwigshafen erarbeitet sein. Denkmalschützer haben inzwischen erfreulicherweise die Bedeutung der schlichteren ländlichen Bauwerke, wie Kirchen, Schulen, Rathäuser, größere Bauerngehöfte, erkannt. Die Beschreibung der Denkmäler und Denkmalzonen wird in der Baupolitik, z.B. bei der Aufstellung und Ausführung von Ortsentwicklungsplänen, ihren Niederschlag finden und dazu beitragen, daß sich die Bürger mit der Geschichte ihrer Heimat auseinandersetzen. Dieses Anliegen wird mit der Herausgabe der Heimatjahrbücher durch den Landkreis Ludwigshafen gefördert. Sie sollen das allmählich wiedererwachende Interesse für Bodenständigkeit, für die „Heimat in der Sprache", für die „Heimat in der Küche" unterstützen und beleben.

Kreisvolkshochschule und Kreismusikschule sollen auch künftig die kulturellen Aushängeschilder des Landkreises Ludwigshafen bleiben. Die Kreismusikschule muß die Musikkultur im Kreise mitprägen. Die Verbindung mit den örtlichen Gesang- und Musikvereinen und ihre Unterstützung soll noch verstärkt werden. Diesem Ziel dienen die gemeinsamen Konzerte mit Kirchenchören und Gesangvereinen sowie die Bläserseminare mit Musikanten aus Vereinen.

In einer Zeit des raschen technischen Wandels muß die Kreisvolkshochschule als eine der wichtigsten Weiterbildungseinrichtungen im Lande Rheinland-Pfalz leistungsfähig bleiben. Die berufliche Weiterbildung gewinnt an Bedeutung. Beispiele sind Berufsauffrischungskurse für Frauen, die nach mehreren Jahren der Tätigkeit im Haushalt wieder ihren Beruf ausüben möchten. Die Förderung der Aufgeschlossenheit für das Musische, für schöpferische Tätigkeiten außerhalb der Arbeitswelt, vornehmlich die Unterstützung der Kunst, wird eine wichtige Aufgabe der Kreisvolkshochschule bleiben. Die Malkurse, die Vergabe von Kunstpreisen, die Herausgabe von Werkkatalogen für junge Künstler, der Ankauf von Kunstwerken, auch durch andere Einrichtungen des Kreises wie die Kreissparkasse Ludwigshafen und die Kreis- und Stadtsparkasse Speyer, sollen fortgesetzt werden. Kreismusikschule und Kreisvolkshochschule werden im Zusammenwirken mit den Gemeinden und den zahlreichen Vereinen ihren Beitrag dazu leisten, daß die Gemeinden nicht etwa Wohn- und Schlafvororte städtischer Zentren werden, sondern vielfältige kulturelle Eigeninitiativen und ein Eigenleben entwickeln.

Der Landkreis Ludwigshafen ist hervorragend mit Straßen ausgestattet. Der Neubau von Straßen wird daher die Ausnahme sein und sich auf Umgehungsstraßen beschränken. Von seiner Geographie her kann der Landkreis Ludwigshafen und die Vorderpfalz zu einem Radfahrerland, zu „pfälzischen Niederlanden" werden. In der Fläche ist das Radwegenetz inzwischen gut.

Künftig wird das Hauptaugenmerk auf die innerörtlichen Bereiche sowie auf die Verbesserung der Verzahnung von den Umlandgemeinden zu den Städten Ludwigshafen, Frankenthal, Speyer und Worms gelegt werden müssen. Die Bedingungen für den Radfahrer bei seinen Fahrten zu den Schulen, den Einkaufszentren, den Betrieben sowie zu den Naherholungsgebieten in den Rheinauen müssen durch kleine Schritte zielstrebig verbessert werden.

Im Verkehrsbereich wird einer der Schwerpunkte der gemeinsamen Aktivitäten aller Gebietskörperschaften im Rhein-Neckar-Gebiet das Bestreben sein, den öffentlichen Personennahverkehr durch die Schaffung eines echten Verkehrsverbundes zu verbessern.

Daueraufgabe des Kreises bleibt es, denen gezielte Hilfe zu gewähren, die sich selbst nicht helfen können. Zu nennen sind hier die Altenzentren in Limburgerhof und in Schifferstadt. Daneben werden die sogenannten ambulanten Dienste zur Ausweitung der häuslichen Pflege ausgebaut werden müssen. Die Zunahme der Pflegefälle, insbesondere bei den älteren Menschen, erfordert die besondere Mitsorge aller Verantwortlichen. Weiter müssen die räumlichen Voraussetzungen für eine Hilfe zugunsten von Behinderten und Pflegebedürftigen verbessert werden. Zum Jahreswechsel 1988/89 hat in Schifferstadt eine Werkstätte für Behinderte den Betrieb aufgenommen. Ein Behindertenwohnheim in Schifferstadt befindet sich in Planung und wird in absehbarer Zeit verwirklicht werden.

Trotz der Notwendigkeit eines Strukturwandels und der Schwierigkeiten, in der sich die Landwirtschaft wegen der Überproduktion insgesamt

Gegensätzliches prägt den Landkreis: Industrie und Natur.

Dank der intensiven Nutzung des fruchtbaren Vorderpfälzer Bodens stellt die Landwirtschaft einen der wichtigsten Wirtschaftszweige im Landkreis Ludwigshafen dar.

befindet, hat sie in der Vorderpfalz wegen der guten klimatischen Voraussetzungen eine Zukunft. Ein mildes Klima und gute Böden gestatten die Ernte der frühesten deutschen Frühkartoffeln sowie den Anbau von Spargeln, Tabak, Zwiebeln, Rettich, Salat und vielem anderen mehr. Für „Regen nach Maß" auf den vorderpfälzischen Äckern sorgt ein mit sauberem Altrheinwasser gespeistes Rohrsystem, das gleichzeitig die Grundwasservorräte schonen hilft. Künftig gilt es, die Konkurrenzfähigkeit der Landwirte bei der Vermarktung zu stärken. Durch den Bau des Pfalzmarktes, des Obst- und Gemüsegroßmarktes in Mutterstadt, wird hoffentlich der Absatz der Feldfrüchte aus der Vorderpfalz wesentlich verbessert werden.

Der Landkreis Ludwigshafen ist als Teil des Rhein-Neckar-Verdichtungsraumes der am dichtesten besiedelte Landkreis des Landes Rheinland-Pfalz. Gerade in einem solchen Verdichtungsgebiet werden an die Natur und Landschaft vor allem in den Rheinauen die verschiedensten Nutzungsansprüche geltend gemacht. Ein Schutz der gesunden Umwelt ist daher auch künftig besonders bedeutsam.

Der Landkreis Ludwigshafen ist ein ausgesprochener „Wasserkreis"; er besitzt mehr Wasserfläche als die Stadt Berlin. Viele Aufgaben müssen gelöst werden, die mit Wasser und Gewässern in Verbindung stehen. Stichworte sind die Sanierung der Gewässer in Bobenheim-Roxheim, durch die die größte Kloake in der Vorderpfalz beseitigt wird, Hochwasserschutzmaßnahmen, insbesondere Rückhaltemaßnahmen bei Isenach und Eckbach sowie bei Reh- und Speyerbach, einschließlich der Bemühungen, diese Gewässer naturnäher durch Begrünungen zu gestalten und zu unterhalten.

Der Hochwasserschutz am Rhein muß verbessert werden. Die Hochwasser entstehen heute – bedingt durch Straßenbau, Schaffung von neuen Wohngebieten – wesentlich schneller als noch vor einigen Jahrzehnten. Deshalb ist in einem internationalen Abkommen zwischen der Bundesrepublik Deutschland und Frankreich u.a. die Schaffung von Poldern, Rückhalteräumen, vorgesehen. Vornehmlich zum Schutze der BASF vor Hochwasser muß bald entschieden werden, wo diese Polder entstehen sollen, damit mit ihrem Ausbau begonnen werden kann.

Untrennbar mit dem Umweltschutz verbunden ist das Stichwort „Abfall". Um zu vermeiden, daß uns die Müllberge über den Kopf wachsen, hat der Landkreis Ludwigshafen viel in Richtung Abfallvermeidung und Wiederaufbereitung unternommen. So können die Einwohner beispielsweise ihre Papier- sowie Glas- und Metallabfälle in Wertstoffsäcke packen, die dann zusammen mit den Hausmüll-Säcken oder -Tonnen einmal pro Woche abgeholt werden. Die Umwandlung von Restmüll in Heizenergie unterstützt der Kreis durch seine Beteiligung an der Nachrüstung des Müllheizkraftwerkes in Ludwigshafen. Die Hausmülldeponie in Heßheim bleibt Grundlage einer sicheren Entsorgung in der Vorderpfalz. Zu gegebener Zeit muß daher das „Für und Wider" einer Erweiterung dieser Deponie geprüft werden. Insgesamt gesehen verfügt der Landkreis Ludwigshafen über eine sichere und umweltschonende Abfallentsorgung, die in Einzelschritten, z.B. bei der Entsorgung von Hecken- und Baumschnitt, fortzuentwickeln ist.

Auch die natürlichen Lebensgrundlagen müssen schrittweise noch verbessert werden, z.B. durch die Begrünung von Kreisstraßen und Radwegen und die Bepflanzung in den Gemeinden durch den Ankauf ökologisch wertvoller Flächen durch Vereine und Gemeinden, die Schaffung von Feuchtgebieten und Biotopverbünden, die Anlage von Feldgehölzen, die Erhaltung von Wiesen- und Schilfflächen, die Ausweisung von weiteren Schutzgebieten. In den Rheinauen benötigt der „Patient Natur" mehr Ruhe. Die Naherholungsplanung aus dem Jahre 1986, die besonders ökologische Belange berücksichtigt, muß daher Schritt für Schritt umgesetzt werden. Ziel ist es, ein vernünftiges Miteinander von ruhiger Erholung und Schonung der Natur, vornehmlich in den Rheinauen, zu erreichen. Auch künftig wird die Kreisverwaltung nachhaltig Maßnahmen zur Einhaltung der Naturschutz- und Landschaftsschutzbestimmungen durch den gezielten Einsatz von Polizei und anderen Mitarbeitern der Kreisverwaltung durchführen. In gefährdeten Bereichen, z.B. dem Neuhofener Altrhein, wird angestrebt, sogenannte Pufferzonen zu schaffen, die eine Erholung und Fortentwicklung der Naturschutzgebiete ermöglichen. Erfreulicherweise hat die Natur außerordentlich hohe Selbstheilungskräfte, wie das Beispiel der Mechtersheimer Tongruben bei Römerberg zeigt, die der Landkreis 1982 erworben und inzwischen renaturiert hat, und die jetzt als repräsentativer Lebensraum für seltene Tiere und Pflanzen gelten. Es ist zu hoffen, daß die Zuständigkeiten der Kreise im Bereich des Umweltschutzes verstärkt werden. Denn die Einheit der Verwaltung auf

Die „pfälzischen Niederlande" könnte der Landkreis genannt werden, dank seiner vielen, gut ausgebauten Radwanderwege.

Kreisebene gewährleistet, daß die Umweltprobleme „vernetzt", d.h. ganzheitlich betrachtet werden, um sie so besser bewältigen zu können. Insgesamt gesehen muß die Offensive zur Erhaltung der natürlichen Lebensgrundlagen, die den Belangen von Mensch und Natur dient, schrittweise mit Vernunft, unter Abwägung aller Interessen, mit Nachdruck zum Wohle vor allem der künftigen Generationen, fortgesetzt werden.

Korrektes, fleißiges Handeln der Verwaltung zum Wohle aller, sowie die Bemühungen, ihre Leistungsfähigkeit weiter zu steigern, bleiben eine Daueraufgabe. Das im Mai 1988 fertiggestellte Kreishaus in der Innenstadt von Ludwigshafen ermöglicht ein effizientes Zusammenwirken aller Dienststellen der Kreisverwaltung; für die Bürger ist es wegen seiner zentralen Lage gut erreichbar. Zur Verbesserung der Arbeitsbedingungen der Polizei wird die Schutzpolizeiinspektion in Schifferstadt umgebaut und erweitert. Die Polizei als Teil der Kreisverwaltung gewährleistet ihre Orts- und Bürgernähe, und die Sicherheitsbelange des ländlichen Raumes werden so zur Kenntnis genommen und berücksichtigt.

"Im Kreis entfaltet sich ein Zweifach-Leben, das der Gemeinden und das des Kreises selbst als Ganzes betrachtet", formulierte ein Landrat bereits zu Beginn des 19. Jahrhunderts. Dies könnte auch Leitmotiv für das Zusammenwirken des Landkreises Ludwigshafen mit seinen Gemeinden sein. Einerseits müssen beide Ebenen auf ihre Selbständigkeit als kommunale Gebietskörperschaften achten. Als Auswirkung ihrer Selbständigkeit wird es daher immer wieder im Einzelfall auch Spannungen zwischen Kreis und angehörigen Gemeinden geben. Allerdings ist es gerade bei einem Umland-Kreis notwendig, in entscheidenden Fragen ein Miteinander zu bedenken. Anderenfalls besteht die Gefahr, daß die Großstädte die Eigenständigkeit und Lebendigkeit der umliegenden Gemeinden in Frage stellen. Aufgabe des Kreises ist es daher in besonderem Maße, auch Schutzschild kommunaler Selbstgestaltungsfreiheit zu sein. Es gilt im Verhältnis zu den Großstädten der Satz: „Soviel Selbständigkeit wie möglich, soviel Zusammenarbeit wie notwendig", beispielsweise beim Naturschutz, der Naherholung, der Abfallwirtschaft und dem stetig zunehmenden öffentlichen Personennahverkehr.

In der Vergangenheit konnten die verschiedenen Projekte im Sportstättenbau sowie die Kreiseinrichtungen wie Kreisvolkshochschule, Kreismusikschule, Schulzentren nur deshalb mit Erfolg verwirklicht werden, weil Kreis und angehörige Gemeinden hervorragend zusammenarbeiten. Dies wird auch die Voraussetzung für die Erfolge in der Zukunft bleiben.

Die Ansätze für ein gemeinsames Bewußtsein im Landkreis Ludwigshafen, das beispielsweise 1987 bei der Spendenaktion für die Unwetterkatastrophe im Martelltal, einer Partnergemeinde des Landkreises in Südtirol, deutlich wurde, sollten fortentwickelt werden. Es gilt, das bereits vorhandene Kreisbewußtsein auf politischer Ebene, aber auch im privaten Bereich, auf Vereinsebene, weiter zu stärken.

Dies wird noch ein langer Weg sein. Er kann erfolgreich sein, wie das Beispiel des 1947 geschaffenen Landes Rheinland-Pfalz beweist, in dem inzwischen ein rheinland-pfälzisches Bewußtsein besteht.

Als Kreis „zwischen Rhein und Wein", am Rhein, der schöpferischen Lebensader Europas gelegen, in einem Gebiet der Lebensfreude und der guten wirtschaftlichen Entwicklung, in dem tatkräftige, kontaktfreudige und lebenslustige Menschen wohnen und sich wohlfühlen, wird dieser Kreis seine Chance zum Wohle aller wahrnehmen können.

Naherholung wird hierzulande großgeschrieben, Baggerseen und Campingplätze laden dazu ein.

ZWISCHEN STROM UND REBEN LANDSCHAFT UND NATUR

Der Landkreis Ludwigshafen mit einer Nord-Süd-Ausdehnung von ca. 40 km und einer Ost-West-Ausdehnung von 2 – 18 km läßt sich in zwei naturräumliche Bereiche untergliedern, die Rheinaue und die Rheinebene. Die Rheinaue zieht sich im Osten des Kreisgebietes mit einer Breite von wenigen hundert Metern bis etwa 3 – 5 km in Nord-Süd-Richtung entlang dem Rheinstrom mit Höhen von 90 – 95 m über NN. Das Landschaftsbild wird von den Altrheinarmen, die meist mit Auwäldern bestockt sind, und von fruchtbarem Ackerland geprägt. Weite Bereiche sind allerdings auch mit Industrie- und Stadtlandschaften, z. B. Frankenthal, Ludwigshafen, überdeckt. Die Auen werden im Osten vom Rhein und im Westen durch ein mehr oder weniger gut erkennbares „Hochufer" begrenzt. Dieses ist im Süden, bei Römerberg, besonders deutlich ausgeprägt. Im Westen schließt sich die Rheinebene mit Höhen von 96 bis über 100 m über NN an.

Betrachten wir einen geologischen Querschnitt durch den Oberrheingraben, so erkennen wir, wie das Oberrheingebiet infolge eines Grabenbruchs entstanden ist. Er setzte im Erdmittelalter, also vor ca. 135 Mio. Jahren, ein, erreichte seinen Höhepunkt im Tertiär und hält selbst heute noch an. Dabei hat sich die Grabensohle um ca. 2000 m (im Maximum bis 4000 m) gesenkt, in der Folge mit Meeresablagerungen im Tertiär wieder gefüllt. Während und besonders nach der Riß- und anschließenden Würmeiszeit haben die Schmelzwässer breitflächig zwischen den Randgebirgen Terrassenschotter und Sande abgelagert, die später weitflächig durch Windablagerungen mit fruchtbarem Lößboden überdeckt wurden. Im Bereich dieser Rheinterrassen befinden sich im Landkreis Ludwigshafen die intensiv landwirtschaftlich genutzten Flächen mit vielen Sonderkulturen wie z.B. Tabak- und Gemüseanbau. Auch das Hauptanbaugebiet der Frühkartoffel liegt in diesem Bereich. Die Böden sind besonders wegen der raschen Erwärmbarkeit unter günstigen Wasserverhältnissen bzw. auch wegen guter Beregnungseigenschaften hervorragend für die aufgezeigte Nutzung geeignet.

Der nacheiszeitliche Rheinstrom grub sich sodann wiederum in diese Ablagerungen der Rheinebene auf einer Breite von 4 – 12 km ein. Es entstand die heutige „Rheinaue", die sich von den Terrassen der Rheinebene durch das o.a. „Hochufer" absetzt. Es ist also vor allem der Rhein mit seinen oft weitflächigen Überschwemmungen, der die Lebensgemeinschaften der Rheinauen mit ihren typischen Pflanzen- und Tiergesellschaften beeinflußt.

Ein Blick in die Pflanzenwelt

Die Eigenart und die Gunst der Natur eines Landes beeinflussen die Lebensbedingungen und das Lebensgefühl der dort wohnenden Menschen in so hohem Maße, daß der heimischen Pflanzenwelt und all den Wachstumsfaktoren, von denen sie abhängt, von jeher ein ganz besonderes Interesse gegolten hat. Die Vegetation ermöglicht Nutzungen, beeinflußt das lokale Klima und kleidet die Landschaft zu allen Jahreszeiten in charakteristische Aspekte, so daß in der Bevölkerung für viele Naturphänomene eine besondere Sensibilität geweckt wird.

Dies trifft natürlich auch für einen so dicht besiedelten Ballungsraum wie das Kreisgebiet zu, das im Umkreis mehrerer nahe benachbarter Städte liegt und in dem seit langem menschliche Eingriffe zusammen mit der Vergrößerung der Siedlungs- und Verkehrsflächen die Vegetation verändert haben. Das Klima in diesem Teil der Rheinebene ist mild, mäßig niederschlagsreich und ermöglicht lange Vegetationsperioden, die von Mitte/Ende März bis weit in den Oktober reichen können. Kurze Frost- und Schneeperioden sind im Winter die Regel, warme Sommer mit teilweise hohen Temperaturen sind kennzeichnend für den Ablauf der Jahreszeiten.

Die Flora erwacht daher früh im Jahr, entwickelt sich rasch, blüht und fruchtet zeitig und tritt erst spät im Herbst in die Winterruhe ein. Von besonderer Bedeutung für das Kreisgebiet ist die Pflanzenwelt der Rheinauen, der Auwälder, Altwasser und Ufer, der Wiesen im Überschwemmungsgebiet des Rheins und schließlich der Rheindämme, die das ganze Auengebiet einschließen. Hier findet man noch Landschaftsteile mit einer naturnahen Vegetation, die, von den ständig wiederkehrenden Überschwemmungen beeinflußt, sich in dieser amphibischen Zone halten und überdauern konnte.

Der Strom ändert seine Wasserführung im Laufe des Jahres ständig und hat mit seiner Erosion und Sedimentation auch die Ufer modelliert, so daß ein gestuftes Relief entstand. Die am niedrigsten liegenden flußnahen Flächen werden am häufigsten überflutet, weil sie schon von mittleren Hochwasserständen erreicht werden. Die höher gelegene Aue wird nur gelegentlich überschwemmt, wenn die Pegelstände extremer ansteigen. Auf diese Hochwasserschwankungen hat sich auch die Pflanzenwelt eingestellt, die insbesondere entlang der Altrheinufer eine deutliche Stufung erkennen läßt. Auf diesen schlammigen Uferbänken siedelt eine dichte Krautflora aus überschwemmungstoleranten Arten, unter denen die Wasserkresse, die gelbe Schwertlilie mit Sumpflabkraut, Wasserknöterich, Wasserpfeffer, Zweizahn, Pfennigkraut und verschiedene Seggen bestands- und gesellschaftsbildend sind.

Auf etwas ansteigendem Ufer folgt das Röhricht aus Schilfrohr, Rohrglanzgras und krautigen Arten wie der Uferwinde, dem Gilbweiderich, Blutweiderich und dem Sumpfgreiskraut. Das Röhricht geht in die Weidenaue über, so daß Schilfstreifen und lockere Weidenbestände die schon von niedrigen Hochwasserständen überfluteten Uferbereiche der Altrheine säumen. In der eigentlichen Weichholzaue (Silberweidengürtel) sind feuchtigkeitsliebende krautige Pflanzen zu Hause wie Wiesen- und Waldschaumkraut, Sumpfvergißmeinnicht, Sumpfhelmkraut und namentlich die oft größere Bestände bildende Große Brennessel. Die auch hier anzutreffenden Pappelbestände verdanken vor allem forstlichen Maßnahmen ihre Existenz. Auf noch höher liegendem Land stockt der artenreiche Auwald, die nur bei Hochwasser überschwemmte Hartholzaue. Dieser Eichen-Ulmenwald prägt vor allem das Landschaftsbild und ist der Standort für ertragreiche Holzarten wie Eiche, Esche, Bergahorn, Linde und Buche. Zur Vielseitigkeit des Waldbildes tragen ferner Birke, Hainbuche, Feldahorn, Roßkastanie und Wildobstbäume bei, die als Einzelstämme oder in kleineren Beständen je nach Gunst des Reliefs anzutreffen sowie forstlichen Pflegemaßnahmen zu verdanken sind. Dieser Auwald weist ferner eine ausgeprägte horizontale Schichtung auf.

Am Waldboden treten zahlreiche sogenannte Erdpflanzen auf, die im Frühjahr weiträumige Blütenteppiche aus Buschwindröschen, Scharbockskraut und Bärenlauch ausbilden können. Die nächste Schicht besteht aus Sträuchern, unter denen die Hasel am beherrschendsten ist, daneben sind Geißblatt, Hartriegel, Wolliger Schneeball und Weißdorn häufige Begleiter.

Die Kronenschicht der Bäume bildet schließlich den Abschluß des Blätterdaches, das so dicht wird, daß im Sommer nur einige schattenertragende Pflanzen am Waldboden gedeihen können. Den Kampf ums Licht führen überall auch die Kletterpflanzen und Lianen, die Waldrebe, der Efeu und der Gemeine Hopfen, die mit Hilfe sinnreicher Klettervorrichtungen an den Stämmen emporwachsen und dem Auwald ein fast tropisches Aussehen verleihen. Zur Auenlandschaft gehören seit jeher die in die Wälder eingebetteten, oft versteckt liegenden Wiesen, die man vielfach als Streuwiesen genutzt hat. Wo sie noch erhalten sind und extensiv bewirtschaftet bzw. gepflegt werden, ist auch die bunte Vielfalt und der Artenbestand dieses Grünlandtyps zu finden. Dazu gehören hochwüchsige Kräuter wie Großer Wiesenknopf, Wiesenraute, Beinwell, Baldrian, Färberscharte, Sumpfschafgarbe und -wolfsmilch, Echter Haarstrang und hin und wieder noch die selten gewordene Sibirische Schwertlilie. Unter den kleineren Kräutern sind das Hohe Veilchen, eine für die Rheinauen charakteristische Stromtalpflanze und der oft gesellig stehende, violettrosa blühende Kantenlauch typische Vertreter dieser Wiesenflora.

Die zahlreichen Nutzungsansprüche und die in unserem Jahrhundert so rasch um sich greifenden Landschaftszerstörungen haben die alte Auenlandschaft tiefgreifend verändert und auf weite Strecken ihrer Ursprünglichkeit beraubt. Vieles von der Eigenart der Landschaft und der Flora ist für immer verloren, verbliebene Auenbereiche sind häufig akut bedroht, gestört oder übernutzt. Solange die Einsicht nicht stärker wird, daß diese Art von Land- und Landschaftsgebrauch nur zum gänzlichen Verlust von Schönheit, der biologischen Reichhaltigkeit, des Erholungswertes und der übrigen Wohlfahrtswirkung der Auen führt, wird die Gefahr für diese bedrohte Welt nicht abzuwenden sein.

Außerhalb der Rheinauen besitzt der Landkreis noch größere Waldungen auf den Schwemmflächen des Speyer- und des Rehbaches. Auf diesen meist sandigen, nährstoffarmen Böden besteht der Forst vorwiegend aus Kiefern, Eichen und Buchen. Den Waldboden überdecken Adlerfarnwildnisse, Heidekrautflächen und Bestände aus geschlängelter Schmiele und Pfeifengras. Entlang der Gräben und Wiesenränder bereichern Erlen und Weidenarten die Landschaft und auf besserem Boden breiten sich artenreichere Eichen-Hainbuchwald-Abteilungen zwischen den ärmeren Kiefernstandorten aus.

Dort, wo infolge der neuen Hochwasserdämme alte Gemeindewälder in die nun geschützte Altaue gelangten,

Am Silbersee bei
Bobenheim-Roxheim.

handelt es sich um Eichen-Hainbuchenwald.

All diese Wälder müssen heute mehr denn je für ihre Funktion als Frischluftquellen, Klimaregulierzonen, Grundwasserfilter, Artenschutzräume, Holzlieferanten, Erholungsgebiete und als Gestaltungselemente erhalten bleiben und geschützt werden. Dies sind auch die Gründe, weshalb in dem so dicht bevölkerten Kreisgebiet noch mehr naturnahe Landschaftsteile unter Schutz gestellt werden und bereits gestörte und beeinträchtigte Flächen wieder regeneriert und in naturgemäßere Zustände überführt werden müssen.

Bemerkenswerte Insekten, die bisher sowohl in negativem wie in positivem Sinne auf sich aufmerksam gemacht haben, gibt es im Landkreis Ludwigshafen natürlich auch. Neben den Stechmücken, die eine gesonderte Abhandlung verdienen, sind da hervorzuheben z.B. die Kiefernbuschhornblattwespe, von der der pfälzische Journalist Dieter Hörner einmal in humorvoller Weise sagte: „ . . . ein Insekt, das in keine Überschrift paßt . . ." und die vor wenigen Jahren bei einer ihrer gefürchteten Massenvermehrungen nicht weniger als 550 ha Kiefernwald des dem Landkreis angehörenden Teils des Ordenswaldes zu großem Schaden gebracht hat. Da ist aber auch noch der unscheinbare Eichenprozessionsspinner zu nennen, dessen expansives Verhalten man im Südteil des Landkreises beobachten kann.

Seine Raupennester, aus denen in der Dämmerung in langer Prozession die stark behaarten Raupen ihren zerstörerischen Gang in die Wipfelregion der Eichen antreten, lassen sich leicht finden. Die leicht abbrechenden Haare der Raupen enthalten eine giftige Substanz, die auf der Haut und besonders auf den Schleimhäuten der Menschen böse Vereiterungen hervorrufen kann. Als einzige Vogelart kann der Kukkuck diese Raupen unbeschadet vertilgen. Doch soll die Reihe derer hier enden, die Unangenehmes mit ihrem Namen verbinden. Gottlob gibt es auch von Erfreulichem bei den hier lebenden Insekten zu berichten. Bedingt durch die ganz besonderen klimatischen Verhältnisse in der vorderpfälzischen Rheinebene siedelten sich Arten an, die man erst wieder in südlicheren Breiten antreffen kann. Zu ihnen gehört z.B. die Haarstrang-Wurzeleule oder Markeule. Die Grundlage ihrer Existenz beruht einzig und alleine auf dem begrenzten Vorkommen des gemeinen Haarstrangs, einer Pflanze in der Gegend von Mechtersheim und Otterstadt. Die Raupe dieser Markeule lebt in der oft mächtigen, aromatisch riechenden Wurzel dieser Pflanze und frißt in ihr lange, senkrecht verlaufende Gänge. An der Erdoberfläche wird ein helles Bohrmehl ausgestoßen, das den Befall einer Pflanze anzeigt. Der recht große Schmetterling erscheint im September und Oktober. Man kann ihn nur nachts an den Pflanzen sitzend finden.

Auch wandern aus dem Süden fast alljährlich „Wanderfalter" in die warme Rheinebene ein. Unter ihnen der Linienschwärmer oder auch der große Windenschwärmer, dessen „behornte" Raupe sich an der Ackerwinde, einem sogenannten Unkraut, ernährt. Unter ihnen, auch der prominenteste unter den Wanderschmetterlingen, der Totenkopffalter. Dem Körper nach ist er der größte europäische Schmetterling mit einer Flügelspannweite von etwa 12 cm. Seinen deutschen Namen hat er erhalten aufgrund seiner einem Totenschädel ähnlichen Zeichnung auf dem Rücken mit zwei überkreuzten Knochenzeichnungen darunter. Leider tötet der erste Nachtfrost diesen Schmetterling jedes Jahr wieder.

Im Norden des Landkreises lebt eines der seltensten Insekten Europas, das es sogar geschafft hat, erst vor drei Jahren entdeckt zu werden: die Riesenschlupfwespe. Das beeindruckende Tier überschreitet mit dem großen Stachel leicht eine Länge von 10 cm und ist bunt gefärbt. Beim Bohrvorgang auf dem Holz bläht das Weibchen seinen Hinterleib enorm auf. Die Riesenschlupfwespe ist ein Parasit, der sich auf den Larven großer, im Holzinnern lebender anderer Insekten entwickelt.

Ganz anders lebt in den Süddünen von Dudenhofen die Kreisel- oder Wirbelwespe. Ihre große Seltenheit beruht auf der Vernichtung und Zerstörung ihres Lebensraumes, den Sanddünen und Sandflächen. Dort gräbt sie ihre Brutröhren in den Sand und beschickt die etwa 25 cm tief liegenden ein bis zwei Brutzellen meist mit Schwebefliegen, die sie jagt und durch Stiche lähmt. Ein gewandter Jäger jagt eine schnelle Beute. Und gerade diese heute so selten gewordenen Sanddünen und Sandflächen beherbergen eine stattliche Anzahl von Raritäten unter den Insekten. Besonders die Wildbienen, die sehr zahlreich dort brüten und die artenreiche Gruppe der Falten- und Grabwespen können nur andeutungsweise erwähnt werden.

Am 27.12.1986 konnte im Landkreis der Salweidenprachtkäfer erstmals in Rheinland-Pfalz aufgefunden werden. Erstmals in der Bundesrepublik wurde eine andere Prachtkäferart,

An einem Altrheinarm bei Waldsee.

deren lateinischem Namen keine deutsche Übersetzung entspricht, Agrilus acutangulus, im Ordenswald bei Schifferstadt 1986 aufgefunden. Dies alles zeugt von einer relativ großen Unterschiedlichkeit der Lebensräume im Landkreis. Deswegen können auch Insekten aus sonst südlicheren Breiten hier leben. Eine Überraschung besonderer Art für diesen vorderpfälzischen Bereich war das Auffinden zweier an Trüffeln lebender Käferarten bei Dudenhofen.

Wenn Trüffel bis jetzt auch noch nicht aus ihren symbiotischen Lagern an den entsprechenden Baumwurzeln ans Tageslicht gehoben werden konnten, man ihre Art deswegen noch nicht kennt, beweisen die vorhandenen Käferarten, daß sie existieren müssen.

Ein Blick in die Vogelwelt

Wenn vom Landkreis zwischen Rhein und Wein die Rede ist, darf die hier lebende Vogelwelt nicht unerwähnt bleiben. Trotz vieler Abstriche in der Zeit nach dem letzten Krieg, als durch den Bau von Schnellstraßen, Wohn- und Industrieanlagen und eine stark in die Landschaft eingreifende Naherholung mancher Lebensraum verloren ging, ist sie vielerorts noch immer recht zahlreich. So konnten bisher mehr als die Hälfte aller in Europa vorkommenden Vogelarten im Landkreis Ludwigshafen beobachtet werden.

Dies ist jedoch kein Zufall. Im Verlauf der letzten 20 Jahre wurden weit über zwei Prozent der gesamten Fläche des Landkreises unter Naturschutz gestellt, meist großflächige Auwaldgebiete. Gegenüber Rheinland-Pfalz mit nur 0,6 % und der Bundesrepublik mit 1,06 % der Gesamtfläche liegen die Vergleichszahlen hier weitaus günstiger. Nur selten hat eine Region so viele verschiedene Landschaftsformen aufzuweisen wie gerade der Landkreis Ludwigshafen. Am Rheinstrom, seit jeher die große Leitlinie für den Vogelzug im Herbst und im Frühjahr, erscheinen sogar Vögel, die in anderen Gegenden der Pfalz nur sehr selten oder überhaupt nicht zu beobachten sind. Die Altrheinarme, die sich teilweise schon früher vom Hauptlauf trennten oder im vergangenen Jahrhundert durch die Tulla'sche Rheinkorrektur entstanden sind, sind heute während des ganzen Jahres die wertvollsten Oasen für die Vogelwelt. Als Brutgebiet für viele Rohrsänger, aber auch für seltenere Arten wie z.B. die Zwergdommel oder die Rohrweihe erfüllen sie eine wichtige Aufgabe. Die Altrheine haben aber auch, ganz gleich ob es sich um den Roxheimer, den Neuhofener, den Otterstädter oder den Berghausener Altrhein handelt, eine unschätzbare Funktion während der kalten Jahreszeit. Lange eisfrei, bieten sie Stock-, Krick-, Reiher- und Tafelenten infolge der vielen Versteckplätze und ihres Nahrungsreichtums über die Wintermonate eine sichere Bleibe.

Besonders hervorgehoben werden muß das Naturschutzgebiet „Mechtersheimer Tongruben". Es nimmt eine Sonderstellung ein, da es sich bei ihm um die beispielhafte Renaturierung einer ehemaligen Tongrube und eines später ausgebaggerten Kiessees handelt. Anfang der 80er Jahre konnte durch Aufkauf des Geländes weitere Kiesausbeute verhindert werden. Die Unterschutzstellung galt in erster Linie der Erhaltung einer Purpurreiher-Kolonie, der einzigen nördlich der Alpen. Das Vorkommen anderer seltener Arten wie das Blaukehlchen, die Drosselrohrsänger und die Beutelmeise unterstreicht die Schutzwürdigkeit des Gebietes.

Trotz ihres geringen Nahrungsangebotes und ihrer unbedeutenden Deckungsmöglichkeiten werden die Baggerseen entlang des Rheins von vielen Tauchenten, Haubentauchern, Bläßhühnern und auch hochnordischen Wintergästen gerne als Rastplätze genutzt.

Für die Vogelwelt wertvoll sind auch die das Altwasser umgebenden Auwälder. Im Frühjahr bieten sie den durchziehenden und den aus dem Süden heimkehrenden Vögeln Rast- und Nahrungsplätze. Kein Landstrich des Kreises beherbergt zu jeder Jahreszeit so viele Vögel wie gerade die Auwälder. Im Bereich des Neuhofener Altrheins, dem vogelkundlich am besten erforschten Altrhein des Kreises, sind bisher weit über 200 verschiedene Vogelarten festgestellt worden. Fast alle Finkenvogelarten und die meisten Insektenfresser leben hier. Allein fünf Spechtarten haben hier ihr ständiges Zuhause. Eine 1984 erfolgte Erweiterung des Naturschutzgebietes war dringend erforderlich, da gerade dieses Altwasser durch die Zangenwirkung der Naherholung besonders gefährdet ist.

Nicht ganz so artenreich ist die Vogelwelt in den Waldgebieten im Süden des Landkreises. Aber auch hier gibt es einige Raritäten wie z.B. Turteltauben und Ziegenmelker. Sogar selten gewordene Greifvogelarten sind dort vertreten.

Das Wasser: Lebensraum für die einen, Sport- und Freizeitgelände für die andern.

Am Nachtweideweiher bei Lambsheim.

Die größten Einbußen, was Arten und Individuenzahl betrifft, hat die Acker- und Feldflur des Kreises erlitten. Durch fruchtbaren Boden und mildes Klima sind teilweise drei Ernten möglich. Hochtechnisierte Maschinen, Düngung, Schädlingsbekämpfung, Unterfolienanbau und Feldberieselung haben von der Vogelwelt Tribute gefordert. Selbst lange Zeit als stabil geltende Arten wie Fasan, Rebhuhn und Feldlerche sind rar geworden. Grau- und Goldammern, Braun- und Schwarzkehlchen, Neuntöter, Grauwürger und andere sind dem Druck der Intensivnutzung gewichen. Ihre Rückkehr kann nur durch die Extensivierung von Teilen der Feldflur, zusammen mit der Anlage von Feldholzinseln und breiten verbindenden Hekkenzeilen, so wie Dörfer durch Straßen verbunden sind, erreicht werden.

Das Stechmückenproblem

Die Lebensqualität der Menschen in weiten Teilen des Oberrheingebietes, wie auch im Landkreis Ludwigshafen, wurde früher in den Sommermonaten ganz erheblich durch massenhaft auftretende Stechmücken geschmälert. Den Bewohnern der Rheinanliegergemeinden war es oft nahezu unmöglich, sich in den Nachmittags- und Abendstunden in Garten- und Parkanlagen aufzuhalten. Im Jahre 1975 war die Stechmückenplage besonders groß. Man gründete daraufhin im Frühjahr 1976 die „Kommunale Aktionsgemeinschaft zur Bekämpfung der Stechmückenplage" (KABS) unter der Leitung des damaligen Landrates des Landkreises Ludwigshafen Dr. Paul Schädler (jetzt Regierungspräsident von Rheinhessen-Pfalz), um die Stechmückenplage mit umweltschonenden Methoden auf ein erträgliches Maß zu reduzieren. Heute gehören der „KABS" zwischen Mainz-Bingen und Rastatt mehr als 90 Städte und Gemeinden auf beiden Seiten des Rheines an, die unter der Leitung von Biologen gegen die Stechmücken vorgehen.

Es sind vor allem die Wiesen- und Auwaldmücken (mundartlich als Rheinschnaken bezeichnet), die die Plage in hochwasserreichen Jahren hervorrufen. Ihre Brutplätze sind zeitweise wasserführende Gewässer im Überschwemmungsbereich des Rheines, die bei Hochwasser entstehen und meist nach zwei bis drei Wochen wieder trockenfallen. Werden diese Zonen bei steigendem Wasserstand während der Sommermonate überschwemmt, so schlüpfen aus den im feuchten Boden liegenden Eiern die Mückenlarven aus und entwickeln sich im Wasserkörper über vier Larven- und ein Puppenstadium zum Fluginsekt. Dabei zeichnen sich die Rheinschnaken durch eine außergewöhnliche Massenvermehrung während der Sommermonate, einen starken Wandertrieb (mehrere Kilometer pro Tag) sowie eine ausgeprägte Stechlust besonders an schwülen Tagen und in der Morgen- bzw. Abenddämmerung aus.

Neben den Wiesen- und Auwaldmücken gibt es auch noch die sogenannten „Waldmücken", die sich meist in sumpfigen Waldgebieten (z.B. Erlenbruchwälder wie im Haßlocher Wald) entwickeln, dort, wo nach der Schneeschmelze und nach frühjährlichen Regenfällen Waldtümpel und wasserführende Gräben existieren.

Daneben treten die sogenannten Hausmücken bevorzugt in oder in der Nähe von menschlichen Siedlungen auf. Als Brutplätze der Hausmücken kommen mehr oder weniger alle nicht fließenden Wasserflächen in Frage, die länger als zwei Wochen bestehen. Besonders bevorzugt werden Klein- und Kleinstgewässer wie Regentonnen, Jauche- und Abwassergruben, Gullys oder wassergefüllte Altreifen und Regenpfützen, wo sie sich wie die Rheinschnaken zur fertigen Mücke entwikkeln.

Das Ziel der Bekämpfung ist es, die Stechmücken unter Schonung des Lebensraumes und seiner Lebensgemeinschaften so einzudämmen, daß ein Massenauftreten verhindert wird. Dies erreicht die „KABS", indem sie mit biologisch wirksamen Präparaten auf der Basis von Bacillus thuringiensis israelensis (Bti) gegen die Stechmückenlarven vorgeht.

Angesichts der großen Bedeutung, die die Rheinauen entlang den Ufern für die erholungssuchenden Städter haben, ist die erfolgreiche Bekämpfung der Stechmücke oder „Altrhoischnook" ein wesentlicher Fortschritt.

,,Folienverpackt" und ,,aufgerollt": auch die moderne Landwirtschaft schafft reizvolle Bilder.

Neben Getreide-, Obst- und Gemüseplantagen haben die gelben Sonnenblumenfelder seit einigen Jahren ihren festen Platz in der bunten Palette der Felder, Wiesen und Gärten.

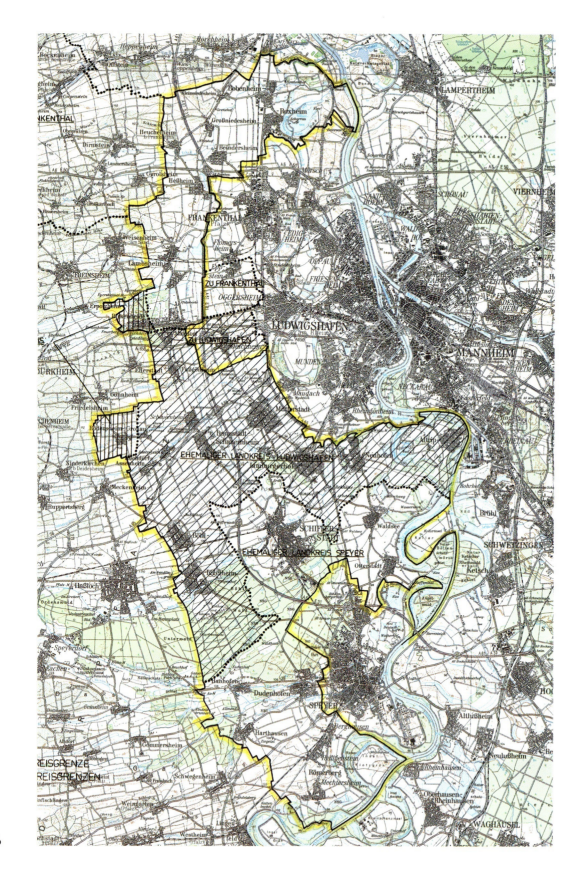

RÖMER, FRANKEN, PFÄLZER
ZUR GESCHICHTE DES LANDKREISES LUDWIGSHAFEN UND SEINER GEMEINDEN

Geographische Lage

Der Landkreis Ludwigshafen ist der nordöstlichste Landkreis der Pfalz. Bei einer Breite zwischen ca. 2 km (bei Fußgönheim/Maxdorf) und etwa 20 km (auf der Linie Altrip-Rödersheim) erstreckt er sich auf einer Länge von ca. 42 km in der Oberrheinischen Tiefebene zwischen dem Rhein im Osten und dem Fuß des Haardtgebirges im Westen. Seine langgezogene Fläche umschließt dabei die unmittelbar am Rhein gelegenen Städte Frankenthal, Ludwigshafen und Speyer, so daß der Landkreis nur im Norden bei der Gemeinde Bobenheim-Roxheim, in der Mitte bei der Gemeinde Altrip und der Verbandsgemeinde Waldsee sowie im Süden bei der Gemeinde Römerberg direkten Zugang zum Rheinstrom hat. Mit einer Grundfläche von 304,87 km² und einer Einwohnerzahl von ca. 130 000 Personen ist der Landkreis Ludwigshafen der am dichtesten besiedelte Landkreis in Rheinland-Pfalz.

Der heutige Landkreis Ludwigshafen

Der Landkreis Ludwigshafen besteht in seiner jetzigen Gestalt seit 20 Jahren. Er wurde wie alle politischen Einheiten des Landes Rheinland-Pfalz im Verlauf der Verwaltungsreform 1969 neu geschaffen, als der vormalige Landkreis Ludwigshafen um den vollständigen Landkreis Speyer, den Osten des Landkreises Frankenthal und kleine Teile des Landkreises Neustadt vergrößert wurde. Letztmalig trat eine Gebietsveränderung 1974 ein: damals wechselte die bis dahin kreisangehörige Gemeinde Ruchheim als Stadtteil zur Stadt Ludwigshafen.

Der von 1948 bis 1969 existierende Landkreis Ludwigshafen, der nun das mittlere Kreisgebiet einnimmt, umfaßte gemäß der heutigen politischen Einteilung die Gemeinden Altrip, Böhl-Iggelheim, Limburgerhof, Mutterstadt, Neuhofen, die Verbandsgemeinde Dannstadt-Schauernheim – ohne den Ortsteil Rödersheim – sowie die Ortsgemeinde Fußgönheim. Der ehemalige Landkreis Speyer setzte sich aus den Orten der Gemeinde Römerberg, der Verbandsgemeinden Dudenhofen und Waldsee sowie der Stadt Schifferstadt zusammen. Zum damaligen Landkreis Frankenthal gehörten die Gemeinden Bobenheim-Roxheim, Lambsheim, die Verbandsgemeinde Heßheim sowie die Ortsgemeinde Maxdorf, und zum Landkreis Neustadt schließlich zählten die Ortsgemeinde Birkenheide und der Ortsteil Rödersheim.

Die vormals 32 selbständigen Orte des Landkreises Ludwigshafen bildeten zwischen 1969 und 1972 die nunmehr gültigen Verwaltungseinheiten aus, so daß dem Landkreis Ludwigshafen heute 25 Gemeinden angehören, die sich in eine Stadt, acht Einzelgemeinden und fünf Verbandsgemeinden mit 16 Ortsgemeinden aufteilen.

Ur-, Früh- und Vorgeschichte

Die geographische Lage des Landkreises machte sein Gebiet zu einem bevorzugten Siedlungsplatz seit Beginn der menschlichen Entwicklungsgeschichte, denn es ist gegenüber den Mittelgebirgslagen begünstigt durch das relativ warme Klima der Oberrheinischen Tiefebene und die fruchtbaren Böden der flach verlaufenden Landschaftsformationen. Zahlreiche Funde aus der Alt- und Mittelsteinzeit (bis ca. 3000 v. Chr.) belegen die Anwesenheit von Menschen bereits zu diesem frühesten Zeitpunkt der Siedlungsgeschichte, auch wenn sich die Fundstellen auf die Niederungen in unmittelbarer Nähe des Rheins konzentrieren. Zeugnisse aus den nachfolgenden Epochen der Früh- und Vorgeschichte konnten auf den Gemarkungen fast aller Gemeinden geborgen werden, wie die Ausstellungsstücke und Schautafeln in den Heimatmuseen des Landkreises, aber auch die zum Teil bedeutenden Exponate im Historischen Museum der Pfalz in Speyer vor Augen führen. Die in der Jungsteinzeit (ca. 3000 – 1800 v. Chr.) erstmals seßhaft gewordenen Menschengruppen konnten vor allem anhand von Gräbern und Grabbeigaben nachgewiesen werden, aber auch Hinweise auf feste Siedlungen fanden sich auf der Hoch- und Niederterrasse der Tiefebene. Die Bronzezeit (ca. 1800 – 1200 v. Chr.) und Urnenfelderzeit (ca. 1200 – 700 v. Chr.) sind geprägt von einer zunehmenden Siedlungsdichte, wie aus der großen, auf das gesamte Kreisgebiet verteilten Menge von Einzel- und Gruppenfunden klar wird, die meist in Zusammenhang mit Bestattungen stehen.

Aus der mittleren Bronzezeit (ca. 1400 – 1200 v. Chr.) datiert ein Fundstück von europäisch zu nennendem Rang, nämlich der sogenannte „Goldene Hut von Schifferstadt", der 1835 nördlich von Schifferstadt zufällig entdeckt wurde. Es ist ein kegelförmiger Kultgegenstand aus getriebenem Goldblech von 28,3 cm Höhe und einem Durchmesser von 17,3 cm am unteren, wie mit einer Krempe versehenen Ende. Dieses an einen Spitzhut erinnernde Aussehen gab dem Objekt seinen Namen. Vergleichbare, aber weniger gut erhaltene „Hüte" konnten bislang nur aus Avanton in Frankreich und Etzelsdorf bei Nürnberg gesichert werden. Gleichwohl der Goldene Hut als Grabbeigabe eines Fürsten angesehen werden muß – dies legen auch die Fundumstände nahe –, konnte die Forschung die genaue Bedeutung der Goldenen Hüte insgesamt wie speziell ihrer Ornamente und Verzierungen nicht hinreichend aufhellen. So bleibt der „Goldene Hut von Schifferstadt" bis heute ein Gegenstand aktueller wissenschaftlicher Untersuchungen.

Für die Periode der Eisenzeit – sie unterteilt sich in die Hallstattzeit ca. 700 – 400 v. Chr. und die nachfolgende La-Tène-Zeit – sind im Landkreis mehrere, zum Teil über lange Zeiträume bestehende Siedlungen nachgewiesen worden. Die größte dieser Siedlungen lag südlich von Dannstadt und wurde etwa 5 Jahrhunderte lang von jeweils ca. 100 Menschen bewohnt. Diesen Schluß erlaubt das nahebei gelegene sog. „Dannstadter Gräberfeld", das als das bedeutendste Hügelgräberfeld der Hallstatt- und La-Tène-Zeit in der Pfalz angesehen wird. 1938 konnten noch 130 dieser kreisrunden, oft über 10 m im Durchmesser zählenden Grabhügel als Teil eines vormals größeren Friedhofbezirks ausgemacht werden; seitdem hat ihre Zahl allerdings beträchtlich abgenommen.

Unter römischer Herrschaft (ca. 50 v. Chr. – 406 n. Chr.)

Mit der Eroberung der linksrheinischen Gebiete durch die Römer (ca. 50 v. Chr.) wurden für den Bereich des Landkreises tiefgreifende Veränderungen eingeleitet. Aus der bisher offenen Landschaft wurde eine Grenzregion des straff organisierten Römischen Imperiums, da der Rhein bis etwa 75 n. Chr. und dann wieder ab ca. 250 n. Chr. die Grenze zum freien Germanien darstellte. (In der Zeit von 75 – 250 n. Chr. sicherte der Limes die rechtsrheinischen römischen Gebiete.) Dadurch erhielten aus römischer Sicht militärische Notwendigkeiten den Vorrang gegenüber zivilen Interessen. Aus diesem Umstand wird verständlich, daß sich die dünne römische Oberschicht vornehmlich aus Soldaten und ihrem Gefolge zusammensetzte, während eine ländliche Bevölkerung, die zur Inbesitznahme und Bearbeitung des Bodens ausgeschickt wurde, eher eine untergeordnete Rolle spielte. Entsprechend konnten – neben einigen verstreuten Hofgütern – nur in geringer Zahl ausgedehntere römische Siedlungen festgestellt werden, so u. a. bei Mutterstadt.

Ein Ergebnis der grenznahen Lage des Landkreises zu damaliger Zeit ist die römische Heeresstraße, die als Teil eines längeren Verbindungsweges zwischen Straßburg und Mainz angelegt wurde. Sie hatte auch noch lange nach dem Ende der römischen Herrschaft Bestand und wird heute im Norden und in der Mitte des Landkreises in etwa durch die (ehemalige) B 9 wiedergegeben. Danben entstanden mindestens zwei weitere, den Landkreis in Nord-Süd-Richtung durchziehende Straßen sowie eine mit West-Ost-Verlauf.

Der Großteil der zahlreichen, im gesamten Landkreis geförderten römischen Fundstücke steht entweder mit Bestattungen in Zusammenhang, oder aber es handelt sich um Relikte von Alltagsgegenständen (Keramik, Münzen, Schmuck, Geräte, etc.) bzw. von Baumaterial (Ziegel). Spektakulärer sind die wenigen Kultobjekte, die im Bereich des Landkreises zutage traten, so z. B. ein Weihestein für Silvanus aus Neuhofen, ein Achtgötterstein aus Dannstadt oder eine „Narkissos" genannte Bronzestatuette aus Mechtersheim.

Kastell Alta ripa

Zu Ende des Römischen Reiches, als die Rheingrenze durch verstärkte Angriffe der Germanen zunehmend in Gefahr geriet, ließ Kaiser Flavius Valentinianus I. (364 – 375) an der Stelle des heutigen Altrip ein Militärkastell zur Sicherung des Rheins und der zu der Zeit gegenüber liegenden Neckarmündung anlegen. Die Errichtung des Kastells auf dem erhöhten, zuvor wahrscheinlich bereits zivil besiedelten Schwemmlandrücken inmitten der Rheinniederung bedingte seinen Namen alta ripa = hohes Ufer. Aus diesem Militärlager entwickelte sich in nachantiker Zeit der Ort Altrip, das damit die älteste, seit römischer Zeit kontinuierlich besiedelte Gemeinde des Landkreises ist. Alle anderen Gemeinden im Landkreis wurden frühestens in fränkischer Zeit gegründet.

Ortsgründungen der Frankenzeit

Den Römern, die sich 406 n. Chr. (Datum der Aufgabe Speyers) aus dem Kreisgebiet zurückzogen, folgten unmittelbar die Alemannen. Sie wurden

Alter Wehrturm, wohl aus dem
17. Jahrhundert, in Lambsheim.

Gaststätte „Zum Adler" in Dudenhofen, erbaut um 1750.

Anwesen Römerstraße 1 in Altrip, um 1600.

Wappen der Bauherren am alten Rathaus in Schifferstadt.

ihrerseits nach Süden von den Franken abgedrängt, die von etwa 500 n. Chr. an von Norden herkommend die nördliche Oberrheinebene in ihren Besitz brachten. Auf fränkische Neugründungen aus den ersten drei Jahrhunderten der Frankenherrschaft geht der überwiegende Teil der heutigen Gemeinden im Landkreis zurück. In dieser Frühzeit lassen sich zwei Siedlungswellen unterscheiden, nämlich die sog. „Landnahme" des 6./7. Jahrhunderts und die sog. „Ausbauzeit" des späten 7. Jahrhunderts und 8. Jahrhunderts. Die auf die „Landnahme" zurückreichenden Orte sind kenntlich an ihren auf „heim" endenden Namen, die im ersten Teil zuallermeist einen Personennamen aufführen (Assenheim; Beindersheim; Bobenheim; Fußgönheim; Großniedesheim; Heßheim; Heuchelheim; Iggelheim; Kleinniedesheim; Lambsheim; Mechtersheim; Rödersheim; Roxheim; Schauernheim; Gronau = ursprünglich Alsheim; Waldsee = eigentlich Walachesheim). So bedeuten z. B. Beindersheim „Heim des Bandarit", Heßheim „Heim des Hesso", Lambsheim „Heim des Landmund", Roxheim „Heim des Hroch", etc.; einzig Schauernheim weicht von diesem Schema ab, das als „Heim bei einer Schutzhütte" zu übersetzen ist. Der Personenname in diesen Ortsnamen bezieht sich in der Regel auf einen freien Bauern oder einen Edeling (Adliger), denen als Führer einer Sippe oder eines größeren Familienverbandes die erste Ansiedlung am jeweiligen Ort zugeschrieben wird.

Die Ortsnamen der in der „Ausbauzeit" angelegten Gemeinden weisen, meist gleichfalls in Verbindung mit einem Personennamen, die Endung „-hofen" bzw. „-stadt" (Dannstadt; Dudenhofen; Hanhofen, Mutterstadt; Otterstadt; Schifferstadt). Sie nennen nun den Hof bzw. die Stätte des entsprechenden Namensträgers, so z. B. Dannstadt „Stätte des Dandi", Hanhofen „Hof des Hago", Otterstadt „Stätte des Other", usw. Für Schifferstadt ist dagegen als wahrscheinlichste Erklärung des Ortsnamens „Stätte des Schöffen" anzunehmen. Neben den auf „-hofen" und „-stadt" lautenden Ortsnamen werden in der Ausbauzeit aber auch solche gewählt, die einen Bezug zu den räumlichen Besonderheiten des Ortes oder der Umgebung herstellen, nämlich Berghausen, Heiligenstein, Hochdorf und Böhl = Hügel/Anhöhe.

Zu den am frühesten belegten Orten des Landkreises gehören u. a. Assenheim, Bobenheim, Böhl, Dannstadt, Heßheim, Heuchelheim, Lambsheim und Mutterstadt, die alle bereits im 8. Jahrhundert im Lorscher Codex erwähnt wurden mit Ausnahme von Dannstadt, das sich zuerst in den Akten des Klosters Weißenburg findet.

Spätere Ortsgründungen

Die jüngste Neugründung des ersten Jahrtausends im Landkreis ist Harthausen (= Häuser im Wald); es entstand wahrscheinlich erst im 9./10. Jahrhundert durch Rodung in den damals noch weitläufigen Waldstücken beiderseits des Rehbachs.

Über die Anlage Neuhofens liegen genaue Quellen vor: 1194 bauten dort die Mönche des Klosters Himmerod einen Wirtschaftshof auf, den sie „Nova Curia" = Neuer Hof benannten. Somit ist Neuhofen die letzte mittelalterliche Siedlung des Landkreises. Alle späteren Orte datieren aus wesentlich jüngerer Zeit.

Das benachbarte Limburgerhof war vom Hochmittelalter an ein unbebautes landwirtschaftliches Gut des Klosters Limburg – daher der Name der seit 1930 selbständigen Gemeinde. Erst im 19. Jahrhundert entwickelte es sich zu einer Ortschaft, beschleunigt ab 1890, als die BASF eine Wohnsiedlung für Teile ihrer Belegschaft erstellen ließ.

Maxdorf, das bis 1952 zu Lambsheim gehörte und in diesem Jahr selbständig wurde, reicht in seinen ersten Ursprüngen auf das Jahr 1816 zurück; damals siedelten sich einige Lambsheimer Familien bei zwei Häusern an, die um 1750 als Flößerunterkünfte am Floßbach entstanden waren. Seinen Namen erhielt es 1819 zu Ehren des regierenden bayerischen Königs Maximilian I.

Die jüngste Gemeinde des Landkreises ist Birkenheide, benannt nach dem Charakter der umgebenden Landschaft. Sie nahm ihre Anfänge als ab 1937 erbaute Wohnsiedlung.

Politische Geschichte im Mittelalter und in der frühen Neuzeit (bis 1797)

Im frühen Mittelalter war das Gebiet des Landkreises Teil des fränkischen Stammesherzogtums, in späterer Zeit des reichsunmittelbaren Königslandes der deutschen Könige und Kaiser. Unter den Karolingern wurde das Reich in die Verwaltungseinheiten der Gaugrafschaften aufgeteilt, denen jeweils als Stellvertreter des Königs ein Gaugraf mit weitreichenden Befugnissen vorstand. Die Fläche des Landkrei-

Altes Fachwerkhaus in Iggelheim.

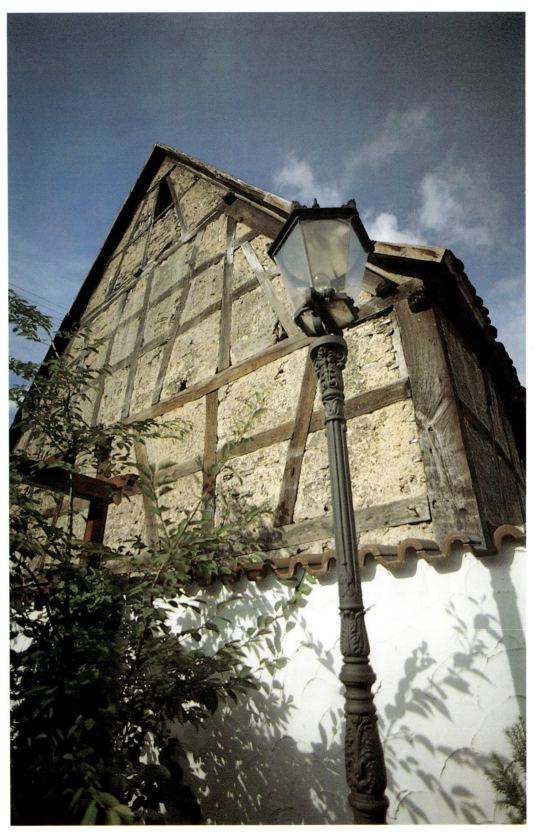

Iggelheim, Altes Rathaus aus dem Jahre 1569

Das älteste, aus dem Jahre 1730 erhaltene Anwesen in Schifferstadt, Burgstr. 14.
Barocker Grabstein an der Außenmauer der katholischen Kirche in Heßheim.

ses teilte sich etwa je zur Hälfte auf den südlichen Speyergau und den nördlichen Wormsgau auf; die Trennungslinie verlief zwischen Lambsheim und Birkenheide/Maxdorf. Etwa vom 10. Jahrhundert an nahm die Bedeutung der Gaugrafschaften zunehmend ab, da sich allmählich geistliche und weltliche Territorialherrschaften ausbildeten, die als fürstliche Hoheitsgebiete in die Rechte der Gaugrafen eintraten. Auf diese Weise gelangte schon 859 Rödersheim zum – späterhin so genannten – Fürstbistum Speyer, und um 1000 sind Bobenheim und Roxheim fest mit dem Bistum Worms verbunden, dem sie bis 1797 angehörten. Zu einem einflußreichen Landesherrn stieg der Bischof von Speyer auf durch eine Stiftung Kaiser Heinrich IV. im Jahre 1063, als dieser dem Bistum neben dem rechtsrheinischen Lusshard größere Gebiete um die Stadt Speyer übertrug, so vom heutigen Landkreis die Orte der Gemeinde Römerberg sowie der Verbandsgemeinden Dudenhofen und Waldsee. Schon zwei Jahre darauf fügte Kaiser Heinrich IV. 1065 seiner Stiftung den Ort Schifferstadt hinzu (ohne Kleinschifferstadt = Langgasse, das erst 1708 an das Hochstift Speyer kam). Die Grenzziehungen des bis 1797 bestehenden Fürstbistums Speyer blieben, soweit sie die Fläche des heutigen Landkreises betreffen, auch in den nachfolgenden politischen Gebilden ohne eingreifende Änderungen bis zur Auflösung des Landkreises Speyer 1969. Zum Hochstift Speyer gelangte in späterer Zeit als einziger Ort im Landkreis Hochdorf durch einen Kaufvertrag des Jahres 1482.

Die Fläche zwischen den Besitzungen der Hochstifte Speyer und Worms verblieb bis ins 13./14. Jahrhundert zum Großteil Reichsgut der deutschen Könige. Die reichsunmittelbaren Orte waren zuletzt (vor 1300) in verschiedenen Verwaltungseinheiten zusammengefaßt, nämlich Böhl und Iggelheim in der „Pflege Haßloch" sowie Dannstadt, Gronau und Mutterstadt in der zu Ende des 13. Jahrhunderts eingerichteten „Landvogtei im Speyergau". Von den weltlichen Fürstentümern auf dem Gebiet des Landkreises kam der Grafschaft Leiningen die größte Bedeutung zu, die zu der Zeit die Hoheit über Beindersheim, Heßheim und Lambsheim innehatte. Zur Grafschaft von Bolanden/Falkenstein gehörten spätestens seit dem 13. Jahrhundert Groß- und Kleinniedesheim. Neben diesen im 13./14. Jahrhundert bestehenden weltlichen und geistlichen Herrschaften waren eine Reihe der Orte des Landkreises zu der Zeit unterschiedlichen Klöstern unterstellt, in deren Besitz sie durch kaiserliche Schenkungen gelangt waren: so gehörten Altrip und Neuhofen zum Kloster Himmerod in der Eifel, Hochdorf und Assenheim zum Kloster Weißenburg im Elsaß und schließlich Schauernheim zum Kloster Lambrecht im Haardtwald.

Im Jahre 1330 legte die damals noch junge politische Institution der Pfalzgrafschaft am Rhein – aus ihr entstand in nachfolgender Zeit die Kurpfalz – den Grundstein für die machtvolle Stellung der Kurpfalz im mittleren und nördlichen Landkreis: Damals verpfändete Kaiser Ludwig der Bayer der Pfalzgrafschaft die Pflege Haßloch, und bereits ein Jahr darauf folgte die Landvogtei im Speyergau. Da die zwei Pfänder nicht mehr eingelöst wurden, gingen beide Territorien im 15. Jahrhundert auch förmlich in den Herrschaftsbereich der Kurpfalz auf. Von diesem Zeitpunkt an konnte die Pfalzgrafschaft bzw. Kurpfalz ihr Hoheitsgebiet erheblich vermehren. Bereits um 1335 brachte sie sich in den Besitz von Neuhofen, und im Verlauf des 14. und 15. Jahrhunderts fielen ihr Lambsheim, Heßheim, Heuchelheim und Beindersheim zu. Eine weitere, nicht minder bedeutsame Ausweitung der kurpfälzischen Hoheitsrechte steht in Zusammenhang mit den politischen und religiösen Bestrebungen der Reformationszeit: Nachdem schon 1551 der pfälzische Kurfürst das Kloster Lambrecht aufgehoben hatte, wurden nach der Einführung der Reformation in der Kurpfalz bis 1576 die auf kurpfälzischem Boden gelegenen Klöster aufgelöst und ihre Besitztümer auf verschiedene Stellen verteilt: auf diese Weise wurde Altrip zum kurpfälzischen Ort erhoben, während Schauernheim als Pfründe an die Universität Heidelberg kam und Limburgerhof – sowie das vom Speyerer Bischof an die Kurpfalz unterverlehnte Mechtersheim – der neugeschaffenen Geistlichen Güterverwaltung in Heidelberg unterstellt wurden. Nachdem aufgrund eines Tauschvertrages die Kurpfalz 1705 Beindersheim an das Hochstift Worms abgetreten hatte, stellte die Übernahme von Groß- und Kleinniedesheim 1733 die letzte Ausweitung der Kurpfalz auf dem Gebiet des Landkreises dar.

Außer den Hochstiften Speyer und Worms sowie der Kurpfalz waren als eigenständige Grundherren nur die Grafschaften Leiningen und Falkenstein sowie die Herzogtümer Lothringen und Pfalz-Zweibrücken mit sehr viel kleineren Hoheitsgebieten verblieben (Assenheim, Fußgönheim, Heuchelheim).

Politische Geschichte nach 1797

Die feudalen Herrschaften endeten 1797. Seit 1792 hielten französische Revolutionstruppen die linksrheinischen deutschen Länder besetzt, und 1797 wurden sie vertraglich Frankreich angeschlossen. Dies bedingte eine vollständige Aufhebung der bis dahin gültigen Strukturen sowohl in staatlicher wie zivilrechtlicher Hinsicht. Stattdessen entstand nach französischem Vorbild das Departement Mont Tonerre (Donnersberg), das auf einheitlicher Rechtsgrundlage verwaltet wurde. Das Departement wurde dabei unterteilt in Arrondissements (hier: Arrondissement Speyer), diese wiederum in Kantone und schließlich Mairien (Bürgermeistereien). Mit dem Abzug der französischen Truppen Silvester 1813 wurden die linksrheinischen Gebiete wiederum zu einem Teil Deutschlands.

Neujahr 1814 überschritten bayerische und österreichische Verbände den Rhein. Eine zunächst gemeinsame Verwaltung – zuerst von Kreuznach, später von Worms aus – wurde 1816 aufgelöst, als die Pfalz aufgrund einer Abtretungserklärung des österreichischen Kaisers dem Königreich Bayern zugewiesen wurde. Im gleichen Jahr wurde Speyer als Regierungssitz der „Bayerischen Lande am Rhein" gewählt, die 1817 in „Bayerischer Rheinkreis" und letztmals 1838 in „Pfalz" umbenannt wurden. Eine früheste Einteilung des Gebietes in vier Kreisdirektionen erfuhr 1817 einen grundlegenden Wandel: damals entstanden in Anlehnung an die französischen Kantone zwölf Landkommissariate, die 1862 die Bezeichnung Bezirksämter, 1939 Landkreise erhielten. (Im folgenden sei zur Vereinfachung nur von Bezirksämtern gesprochen). Gleichfalls 1817 wurde den Gemeinden das Recht zur Selbstverwaltung zugesprochen.

Die 1817 eingeführten Kantone bildeten bis auf geringe Abweichungen die Grundlage für die anschließenden politischen Gebilde bis zur Verwaltungsreform 1969: In der Mitte und im Süden des jetzigen Landkreises wurde das Bezirksamt Speyer eingerichtet, das sich zunächst einschließlich der heutigen Städte Speyer und Ludwigshafen (beide kreisfrei seit 1920) in die Kantone (ab 1852 Distrikte) Mutterstadt und Speyer unterteilte. Aus ihnen gingen die Landkreise Speyer und Ludwigshafen hervor. Im Norden befand sich – ebenfalls zuerst einschließlich der 1920 kreisfrei gewordenen Stadt Frankenthal – das Bezirksamt Frankenthal, von dessen im Osten gelegenen Gemeinden ein Großteil in den nunmehrigen Landkreis Ludwigshafen aufgegangen ist. Einem dritten Bezirksamt, nämlich dem Bezirksamt Neustadt, gehörten von der Fläche des heutigen Landkreises nur Rödersheim und das 1937 gegründete Birkenheide an.

Von besonderem Belang für die Geschichte des Landkreises Ludwigshafen ist eine 1886 vollzogene Umwandlung des politischen Aufbaus der Bezirksämter: In diesem Jahr wurde der dem Bezirksamt Speyer untergeordnete Kanton bzw. Distrikt Mutterstadt, der bereits seit 1860 den Namen Distrikt Ludwigshafen führte, aus dem Bezirksamt Speyer ausgegliedert und zum selbständigen Bezirksamt Ludwigshafen erhoben. Die königliche Verordnung, die König Ludwig II. von Bayern am 3. Juni 1886 als eine seiner letzten Amtshandlungen unterschrieb, ist somit gleichsam der Geburtsschein des heutigen Landkreises.

Die 1886 ausgebildeten Strukturen hatten — zumindest bezogen auf den heutigen Landkreis — bis 1946 Bestand, wenn man von der Erklärung Limburgerhofs zur selbständigen Gemeinde 1930 absieht. Im übrigen veränderte sich die Gestalt der Bezirksämter dadurch, daß nach 1920 mehrere der Vororte in die Städte Frankenthal und vor allem Ludwigshafen eingemeindet wurden.

Nachdem 1946 das Land Rheinland-Pfalz geschaffen worden war, erfolgte 1948 die Einrichtung der Landkreise. Dabei erhielten die Landkreise Frankenthal, Ludwigshafen, Speyer und Neustadt den gleichen Umfang, der zuvor den bayerischen Bezirksämtern zugekommen war. Im Zuge der Verwaltungsreform 1969 entstand der heutige Landkreis, der seit 1974 ohne Gebietsveränderung blieb.

Religionsgeschichte

Gemäß dem Augsburger Religionsfrieden von 1555, dessen Formel „cuius regio, eius religio" („Wem die Herrschaft, dem die Religion") fortan gelten sollte, führte der pfälzische Kurfürst Ottheinrich 1556 in seinen Landen die lutherische Konfession ein. Bereits fünf Jahre später, 1561, wechselte Kurfürst Friedrich III. zum calvinistischen Bekenntnis, eine Entscheidung, die bis zur Aufhebung der Feudalherrschaft 1797 in den Grundzügen gültig blieb.

Die Kirchenfassade zum Innenhof des Fußgönheimer Schlosses.

Danach wurde der Großteil der Gemeinden im nördlichen und mittleren Kreisgebiet der reformierten Lehre zugeführt. Etwa gleichzeitig setzten um 1560 die Grafen von Falkenstein bzw. Leiningen sowie der Herzog von Pfalz-Zweibrücken in ihren Hoheitsgebieten (Assenheim, Fußgönheim, Groß- und Kleinniedesheim, Heuchelheim) die Reformation nach Luthers Grundsätzen ein. Auf diese Weise waren alle drei der damals wichtigen Glaubensbekenntnisse im Landkreis vertreten. Im Süden und im äußersten Norden, dazu in Hochdorf und Rödersheim bekannten sich die Bewohner zum Katholizismus (Hochstifte Speyer und Worms), während dazwischen in den kurpfälzischen Orten die Messe nach reformierten Vorstellungen gelesen wurde, in den übrigen nach lutherischen.

Im Pfälzischen Erbfolgekrieg (1688-97) verband die französische Seite ihre machtpolitischen Bestrebungen mit Bemühungen, in den eroberten pfälzischen Gebieten nicht-katholischer Konfession — also vor allem in der Kurpfalz — eine allgemeine Rekatholisierung durchzuführen. In der Folge sprach die regierende katholische kurfürstliche Linie von Pfalz — Neuburg bereits 1697–1700 einige der Kirchen wieder den Katholiken zu (Böhl, Dannstadt) bzw. bestimmte über andere einen Gebrauch als Simultankirche (Beindersheim, Kleinniedesheim, Mutterstadt).

Von weitaus gewichtigeren Ergebnissen für die religiösen Verhältnisse waren aber die Friedensbedingungen, auf die die Kurpfalz zur Beendigung des Erbfolgekrieges eingehen mußte: Kurfürst Johann Wilhelm brachte 1705 die „Religionsdeklaration" an die Öffentlichkeit, die eine Aufteilung der vorhandenen Kirchen im Verhältnis 2/7 zu 5/7 an die Katholiken und die Reformierten vorsah. Im Zuge der Ausführung dieser Bestimmungen erhielten einige der Gotteshäuser einen simultanen Status (Heßheim, Lambsheim). Darüber hinaus gewährte die Religionsdeklaration den katholischen und lutherischen Minderheiten Religionsfreiheit, so daß in den weiterhin reformierten kurpfälzischen Orten öfters lutherische und katholische Kirchen neu erbaut wurden (z. B. Böhl, Lambsheim, Mutterstadt).

Mit Beginn der bayerischen Zeit erfolgte die Erklärung der allgemeinen Religionsfreiheit. Wenig später vereinigten sich die reformierte und lutherische Kirche 1818 in Kaiserslautern zur protestantischen Kirche. Bis heute stellen in den vormals bischöflichen Gemeinden die Katholiken die Mehrheit, während ansonsten der evangelische Bevölkerungsanteil überwiegt.

BEHÖRDEN...
VOM BEZIRKSAMT ZUR KREISVERWALTUNG

Es war im April 1816, als Max Joseph I. König von Bayern, mit bescheidener Heeresmacht in die Pfalz einmarschierte und wieder Besitz von dem Lande nahm, das seit seiner Verbindung mit der französischen Republik vor 20 Jahren die Trennung vom angestammten Herrscherhaus erstaunlich rasch verschmerzt hatte. Auch König Max I. kam nicht mit Freuden. In Wahrheit war diese Wiedervereinigung eine peinliche Aktion, auf die sich Bayern höchst widerwillig eingelassen hatte und die es ohne kräftige politische Nachhilfe durch die Stärkeren niemals realisiert hätte.

Das neue Königreich hatte sich nach seinem späten, eben noch rechtzeitigen Abfall von Napoleon im Jahre 1813 nichts mehr gewünscht, als die Gebietszuschläge behalten zu können, die es durch seine Gnaden empfangen hatte; vor allem Tirol und Salzburg. Im Widerstreit der Gefühle zwischen den Reizen der älteren Pfalz und denen der beiden neu erworbenen Alpenländer hatten sich die Bayern ohne langes Besinnen für die letzteren entschieden. Man sieht, auf welchen zwiespältigen historischen Grundlagen die Kontakte stehen, welche heute die pfälzischen Landkreise mit den südtirolischen Talschaften knüpfen. Aber im Wiener Kongreß des Jahres 1814 waren es die Fäden der großen europäischen Politik, die Bayerns längst vergessene Bindungen zur Pfalz wieder geknüpft hatten: zuerst die Wünsche des englischen Außenministers, der möglichst viele deutsche Staaten an der Grenze des unruhigen französischen Nachbarn engagieren wollte; dazu kamen Einflüsse der französischen und der österreichischen Politik, zuletzt aber massive Einwirkungen des Zarenhauses, dessen sich die Badener Großherzöge zu bedienen wußten, wenn der Länderschacher auf ihre Rechnung gehen sollte. Diesen mächtigen Anwälten einer bayerisch-pfälzischen Wiedervereinigung waren die Bayern nicht gewachsen: Sie nahmen schließlich die Pfalz als Trostpreis bei der großen Länderverteilung. Man hat deshalb sehr weit zu gehen in Europa, um diejenigen aufzufinden, die diese Ehe gestiftet haben. In München, Speyer und Landau muß nun ausgelöffelt werden, was die Großen zwischen St. Petersburg und London angerichtet haben.

An der Verwaltung der neu erworbenen Gebiete änderte der König möglichst wenig. Wie er dem französischen Gesandten wiederholt erklärte, wollte er die Pfalz an Frankreich wieder abtreten, „sobald dieses ihm eine compensation verschaffen könne".

Deshalb wird die Hierarchie der Verwaltungsbehörden auch nur geringfügig korrigiert. Die alten französischen Arrondissements, wie sie nach dem Frieden von Campo Formio von 1797 in der Pfalz eingerichtet wurden, bleiben erhalten; sie ändern nur ihren Namen und heißen jetzt – wie im rechtsrheinischen Bayern – „Bezirksämter". An ihre Spitze treten, Nachfolger der französischen Unterpräfekten, die Bezirksamtmänner. Man sieht bei dieser Geschichte der pfälzischen Landkreise, wie ein bayerisches Reis auf einen französischen, einen revolutionären Stamm aufgepfropft wird. Im Norden der Vorderpfalz findet sich das Bezirksamt Frankenthal, in der Mitte das Bezirksamt Speyer. Auf diesen Grundlagen steht schließlich der heutige, der neue Landkreis. Dazwischen aber liegt die Episode des alten Landkreises Ludwigshafen, die viel später einsetzt, aber die bedeutendsten Entwicklungen widerspiegelt.

Denn die alte Ordnung, wie sie der bayerische König nach 1816 schafft oder aufrechterhält, besteht nur 70 Jahre. Das ist für die Lebzeit einer Verwaltungsinstanz kein Alter. Aber inzwischen haben sich die Lebensverhältnisse im alten Bezirk Speyer gründlich verändert: Hält die Stadt Speyer auch noch ihre alte Würde als „Kreishauptstadt" der ganzen Pfalz, so haben sich nunmehr innerhalb des Bezirksamts die Gewichte verschoben. Die Gründung der Stadt Ludwigshafen – die geschehen ist, um auch bayerischerseits von dem raschen Aufschwung Mannheims zu profitieren – erweist sich als wirtschaftlicher Volltreffer. Jetzt beginnt die Umgruppierung in der Vorderpfalz, überhaupt in der ganzen Pfalz, welche die Industrialisierung mit sich bringt. Ein so scharfsichtiger Beobachter wie Wilhelm Heinrich Riehl sieht seit dieser Industrialisierungsphase eine sichtbare und gefährliche strukturelle Polarisierung vor allem im Verhältnis von Vorder- und Westpfalz herankommen, die nichts besser bezeichnet als der alte Name der „Hinterpfalz" für das benachteiligte Gebiet hinter dem Haardt-Rand. Aktuelle Entwicklungen bestätigen diesen Bruch der Strukturen.

Im Zuge dieser Veränderungen erweist sich die Herauslösung Ludwigshafens und seines Umlandes aus dem speyerischen Bereich als notwendig; als eine Forderung moderner Raumordnung, so würden wir heute sagen. Die Gründung der Stadt und der Zuschnitt des neuen Kreises sind in der Tat die ersten raumordnenden Reak-

Das neue Kreishaus in Ludwigshafen.

tionen der bayerischen Staatsregierung auf die Strukturveränderungen im linksrheinischen Bayern.

Freilich erscheint das im späten 19. Jahrhundert zuerst unter dem politischen oder dem polizeilichen Aspekt. Mit den ökonomischen Wandlungen der neuen Fabrik- und Industriewelt hätte man ja noch eine Weile im alten Bezirk Speyer leben können; aber nicht mit den Fabrik- und Industriearbeitern, die sich gegen alle guten altbayerischen Gewohnheiten mit der Sozialdemokratie eingelassen haben. Deren Anwachsen in der neuen Stadt, die es – 1885 – schon auf stolze 20 000 Einwohner gebracht hat, ist der unmittelbare Impuls zur Schaffung des Bezirksamtes Ludwigshafen. Was den königlichen Regierungspräsidenten von Braun in Speyer an dieser neuen und ungewöhnlichen Stadt beunruhigt, ist, wie sein Initiativantrag vom 6. Juni 1885 an das Innenministerium ausweist, „eine fluktuierende Bevölkerung, deren überwiegende Mehrheit dem Arbeiterstande und dem Fabriksproletariat angehört und unter welcher die Sozialdemokratie die ausgebreitetsten und festesten Wurzeln gefaßt hat! Diese Stadt an der Grenze des Regierungsbezirks gelegen und in unmittelbarer Verbindung durch die Rheinbrücke mit dem vorwiegend demokratischen Mannheim stehend, bedarf ... einer unabhängigen, starken und kräftigen Obrigkeit an Ort und Stelle". Das sind die Motive. Die Polizeiaufsicht über die Stadt soll der Auftrag an das neue Bezirksamt sein.

Auch der Präsident des königlichen Oberlandesgerichts Zweibrücken, oberster Justizbeamter der Pfalz, stimmt zu, weil mit dieser Obrigkeit an Ort und Stelle auch eine wesentliche Verbesserung der Strafrechtspflege zu erwarten ist. Man sieht, mit welchen Gefühlen die hohe Bürokratie der neuen Arbeiterbevölkerung gegenübertritt. Bemerkenswert ist, daß man noch hoffen konnte, mit einer neuen Behörde, also mit mehr polizeilicher Disziplin, politische Bewegungen meistern zu können. Diesen heftigen Argumenten kann sich die königliche Staatsregierung nicht verschließen. Und damit beginnt dann das umfängliche bürokratische und parlamentarische Verfahren zur Gründung des neuen Bezirksamts.

An dessen Ende rückt der neue, modernen und unbequemen Einflüssen ausgesetzte Bezirk nochmals in den Dunstkreis der späten Monarchie: Die formelle Entscheidung über die Schaffung des neuen Bezirks ist eine der letzten Regierungshandlungen Ludwigs II., des unglücklichen bayerischen Monarchen.

Ludwig wollte die Pfingsttage des Jahres 1886 auf seinen Schlössern im bayerischen Oberland verbringen. Am 3. Juni wurden ihm in Hohenschwangau noch einmal Gesetzesvorlagen unterbreitet. Unter ihnen befand sich das Dekret zur Schaffung des Bezirksamts Ludwigshafens, „vom 1. Juli 1886 beginnend". Der König unterzeichnet.

Diese späte Amtswaltung ist der Abgesang seiner Herrschaft. Schon 5 Tage später, am 8. Juni, erklärte ein Gutachten von vier Sachverständigen den König für geisteskrank in fortgeschrittenem Stadium. Am gleichen Tage erscheint das Gesetz über die Bildung des Bezirksamtes Ludwigshafen im bayerischen Gesetz- und Verordnungsblatt. Die juristischen Bedenken sind gegenstandslos. Aber interessant ist diese Verbindung des neuen, proletarischen Bezirks mit einer ebenso dramatischen wie tragischen Episode der jüngeren bayerischen Geschichte. Wenn es allerdings die Aufgabe des neuen Bezirks gewesen ist, die Sozialdemokratie hintanzuhalten, so ist diese schlecht erfüllt worden. Einige Zeit später steht eine Dynastie sozialdemokratischer Bezirksamtmänner – oder Landräte, wie sie nun heißen – an der Spitze des Kreises, ohne daß der Himmel einstürzt. Erst wiederum eine ganze Zeit später ändern sich, als zufälliges Ergebnis einer Verwaltungsreform in den siebziger Jahren unseres Jahrhunderts, die politischen Kräfteverhältnisse ein wenig, so daß die sozialdemokratische Herrschaft abgelöst werden kann: Nun ist nach langen Jahren wieder ein personeller Status erreicht, wie er den Vorstellungen der königlichen Staatsregierung wohl eher entsprochen haben mag.

Am 1. Juli 1886 beginnt das neue Bezirksamt seine Tätigkeit. Allerdings sind die Verwaltungsmittel wesentlich geringer, als man diese üblicherweise mit der Vorstellung von einem Bezirksamt oder einem Landratsamt verbindet. Ihm werden zwei Beamte und drei Amtsschreiber zugewiesen. Dazu kommt ein Amtsdiener. Und damit ist der Stellenplan auch schon zu Ende. Das alte Bezirksamt Speyer hatte mit seinem großen Bezirk von über 80 000 Einwohnern die gleiche Besetzung.

Auch der Etat des neuen Bezirksamts sieht nicht üppig aus. Für 2000 Mark im Jahre wird ein Dienstgebäude gemietet, das sowohl die Diensträume selbst wie auch die Wohnung des Bezirksamtmanns aufnimmt.

Die Kanzleibedürfnisse verschlingen 410 Mark im Jahre, die Beheizung der Amtslokalitäten 270 Mark und die

Reisekosten 500 Mark. Der gesamte Sachbedarf beläuft sich für das Rechnungsjahr auf insgesamt 13 165 Mark. Dazu treten dann allerdings noch die Personalausgaben, diese ebenfalls nicht in imponierender Höhe. Der Bezirksamtmann erhält ein Anfangsgehalt von 3720 Mark, der Bezirksamtsassessor von 2280 Mark, die drei Amtsschreiber erhalten Bezüge zwischen 1080 und 720 Mark. Bei all diesen Posten handelt es sich natürlich um die Jahresbezüge. An den hochgesteckten Erwartungen, aber auch an dieser bescheidenen personellen Ausstattung, müßte man eigentlich ablesen können, daß ein Zustand permanenter und hektischer Überbelastung nun den Arbeitsablauf bei dem neuen Bezirksamt kennzeichnet. Aber das Gegenteil ist der Fall. Die Verhältnisse sind altväterlich, sympathisch altfränkisch. Von dem ehemaligen Bezirksamtmann Mathéus, der vor dem 1. Weltkrieg amtierte und der es später einmal zum Regierungspräsidenten der Pfalz bringen sollte, einer damals womöglich noch bedeutenderen Position als heute, wußten noch vor einigen Jahrzehnten die ältesten Beamten des alten Landratsamtes den typischen Tagesablauf zu berichten: Der würdige Herr, keineswegs Besitzer eines stattlichen Dienstwagens, bestieg frühmorgens am alten Pfalzbau die Kleinbahn nach Meckenheim – ein Fossil des öffentlichen Nahverkehrs, das erst in den fünfziger Jahren trotz des allgemeinen Widerstands eingestellt worden ist – und fuhr in geruhsamer Reise zum alten Bahnhof Dannstadt-Schauernheim. Dort begann dann der Fußmarsch, damals für Landräte noch eine durchaus übliche Form der Fortbewegung, der ihn über Schauernheim nach Fußgönheim brachte, wobei der Bezirksamtmann den rüstigen Landleuten ringsum auf den Feldern zusprach und so die Präsenz der Obrigkeit deutlich werden ließ. In Fußgönheim, so heißt es in den Erinnerungen weiter, führten ein Dienstgespräch und ein Mittagessen beim Bürgermeister zum eigentlichen Zweck der Reise, worauf der Rückweg des Bezirksamtmannes in der gleichen Weise vor sich ging. Ein Tag im Leben eines bayerischen Bezirksamtmannes war erfüllt. Mit Wehmut wird ein moderner Landrat diese beschauliche Verrichtung beobachten: Er hat an einem solchen Tage das Vielfache an verbaler Leistung und auch an Streckenkilometern hinter sich gebracht. Ob sein Arbeitstag dann aber auch um so vieles effektiver war als der seines fußwandernden Vorfahren im Amt, wird er sich an manchen Abenden fragen. Damals aber wie heute sind es die Zeitverhältnisse, die dem Repräsentanten einer Verwaltung sein Pensum auferlegen. In diesen räumlichen Formen hat der alte Landkreis Ludwigshafen die schweren Zeiten überdauert, die nach offenbar fast idyllischen Zeitläufen dann auch über diese kleine Landschaft hereinbrachen. Das Ende des 1. Krieges und vor allem das Ende des zweiten brachten dem Kreise neue ungewohnte Belastungen, die völlig abführten von dem, was man einmal in früheren monarchischen Epochen mit ihm vorgehabt hatte. Aber das ist nun nicht mehr das besondere Schicksal dieses Kreises, sondern ein allgemeines Schicksal, das sich hier in einer kleinen Facette darstellt.

Im übrigen ist das Verhältnis des Kreises zu der unruhigen Stadt, der seine Gegenwart dienen sollte, stets angenehm, jedenfalls ohne Härten gewesen, wie diese leicht hätten entstehen können. Vor allem war das Verhältnis zwischen den Landräten und den Bürgermeistern oder den Oberbürgermeistern der Stadt zwar nie ganz störungsfrei, aber auch nie völlig konfliktbeladen – also durchaus im Rahmen der Dialektik, die dem Vertreter der Stadt und dem des Landes von Anfang an auferlegt war. Das lag selbstverständlich auch daran, daß an der Spitze der Stadt immer Männer gestanden haben, die gerne bereit waren, jedem das Seine zu geben, wenngleich bisweilen problemhaft sein konnte, was sie als das Ihre ansahen. Die Stadt ist erst nach dem Ende des 1. Weltkrieges aus dem Kreisverband ausgeschieden, eine Folge des neuen Gemeinderechts, das von einem neuen Lande geschaffen wurde. Ob diese Abnabelung die Lebensverhältnisse im gesamten Bereich der jungen und expandierenden Großstadt verbessert hat, ist keineswegs sicher. Es ist deshalb auch keineswegs sicher, ob die alten Könige nur immer deshalb unrecht gehabt haben, weil sie die Alten und die Könige waren. Selbst die Moderne kann Fehler machen.

Die Zeit nach dem 2. Weltkrieg hat dann im Zuge der allgemeinen Reform-Euphorie, die Bund und Länder, alle Parteien und Schichten gleichermaßen durchdrang, dem Kreise eine völlig neue Funktion zugewiesen, die sich weit abhebt von jenen alten Grundlagen: In der Verwaltungsreform kam die Umgestaltung der Kreise und damit die Anpassung des alten territorialen Gefüges in der Vorderpfalz an die geänderte Lebenswirklichkeit. Die alten Kreise hatten durch den Prozeß der Industrialisierung, die Implantation einer ganz neuen und bald

Für die Sicherheit ist gesorgt: Rettungsdienste des Landkreises im Einsatz und bei der Demonstration ihrer Fahrzeuge und Ausrüstung.

dominierenden Großstadt in die Reihe der alten Zentren entlang der Rheinachse, auch durch mancherlei Eingemeindungen, viel von ihrer territorialen Glaubwürdigkeit eingebüßt. Die Gemengelage von Städten und Kreisen entsprach nicht mehr den Anforderungen der Zeit. Sie hatte die Vorderpfalz eher partikularisiert, woran freilich die politische Abschnürung des „flachen" Landes von den Städten, Erbübel der neueren Verwaltungsgeschichte, nicht die wenigste Schuld trug. Das drängte schon seit der Gründung des Landes auf eine Verwaltungsreform, die indessen von Legislaturperiode zu Legislaturperiode verschoben wurde; den Parlamenten war das Thema zu heiß.

Erst Ende der 60er Jahre kam die Reform, und sie brachte für die Vorderpfalz ein einfaches Konzept; sie fügte kurzerhand die beiden alten unter Ludwig II. getrennten Kreise Ludwigshafen und Speyer wieder zusammen und schlug den östlichen, „vorderen" Teil des Kreises Frankenthal dazu. Die derart entstandene bandartige Figur, die den Namen des Kreises Ludwigshafen übernahm, mag im geographischen Zuschnitt nicht als reifste Leistung reformatorischer Mühe gelten. Es ist in der Reform-Diskussion auch ein anderes, die Ost-West-Dimension von Rhein zur Haardt betonendes Konzept – statt des strom-parallelen – erwogen worden, das aber bei den recht vielfarbigen Intentionen, die bei der Reform zu berücksichtigen waren, nicht durchdrang. Abgesehen von allen Kriterien „raumordnender" Disposition ist damit ein Kreis zustandegekommen, in dem sehr viele und sehr unterschiedliche historische, politische, soziale Strömungen zusammenlaufen. Das Ganze war ein schwieriges Projekt, vielleicht ein Wagnis.

Nichts ist in der jüngsten Geschichte des Kreises bemerkenswerter, als daß dieses Wagnis geglückt ist, ebenso übrigens wie in dem spiegelbildlichen Kreis über dem Rhein, dem baden-württembergischen Rhein-Neckar-Kreis, wo allerdings die Voraussetzungen nicht so problematisch lagen. Es haben die differenzierten Temperamente, Charaktere, auch das unterschiedliche Herkommen der Bevölkerung aus drei alten Kreisen vielleicht nicht die politischen Konstruktionen gefunden, die sich allseits wünschen ließen. Aber man hat gelernt zusammenzuleben. Eine kluge Kreispolitik und der Realitätssinn der Bevölkerung hat aus der politisch vorgegebenen Form ein Dach werden lassen, unter das alle passen. Der Kreis ist so nicht nur politische Form geblieben, sondern soziale Wirklichkeit geworden.

Derart nach innerer Konsistenz und Verwaltungskraft den Städten zum gleichgewichtigen Partner geworden, hat der Kreis alle Aussicht, in dem sicher beträchtlichen Gestaltenwandel, der auch der Vorderpfalz bevorsteht, eine hervorragende Rolle zu spielen.

ZUVERSICHTLICHE PROGNOSE
DIE WIRTSCHAFT

Die wirtschaftliche Struktur des Landkreises Ludwigshafen ist geprägt durch seine zentrale Lage im Rheingraben, im Gebiet des Raumordnungsverbandes Rhein-Neckar und der Planungsgemeinschaft Rheinpfalz, besonders aber durch seine unmittelbare Nachbarschaft zum Ballungszentrum Ludwigshafen-Mannheim und zu den linksrheinischen Mittelzentren Worms, Frankenthal und Speyer.

Bevölkerungsentwicklung

Mit 305 qkm und seinen 25 Gemeinden ist der Landkreis Ludwigshafen auch nach der Verwaltungsreform von 1969 flächenmäßig der kleinste in der Reihe der rheinland-pfälzischen Landkreise. Dennoch umklammert sein Gebiet nicht nur die Industriemetropole Ludwigshafen, sondern auch die beiden wirtschaftsstarken Mittelzentren Frankenthal und Speyer. Die Nachbarschaftslage zu diesen Städten bedingt auch die beachtliche Bevölkerungszahl des Landkreises. Mit ca. 130 000 Einwohnern rangiert der Landkreis Ludwigshafen im Regierungsbezirk Rheinhessen-Pfalz nach dem Landkreis Mainz/Bingen hinsichtlich seiner absoluten Einwohnerzahl an zweiter Stelle. Die Bevölkerungsdichte erreicht im Landkreis Ludwigshafen unter allen rheinland-pfälzischen Landkreisen sogar eine einsame Spitzenstellung mit 426 Menschen je qkm. Zu berücksichtigen ist ferner, daß sich in den meisten Landkreisen die Bevölkerung seit 1950 nur unwesentlich vergrößerte, daß in allen Landkreisen innerhalb dieses Zeitraumes die durchschnittliche Bevölkerungsdichte zwar von 120 auf 162 Einwohner je qkm anstieg, dagegen die Vergleichszahlen im Landkreis Ludwigshafen von 273 auf 426 expandierten. Damit ist offenkundig, daß hier besondere Verhältnisse vorliegen, die nicht ohne weiteres mit anderen Regionen vergleichbar sind. So hat der Landkreis Ludwigshafen über viele Jahre hinweg beachtliche Wanderungsgewinne erzielt, die bis in die Gegenwart anhalten, während die meisten anderen Verwaltungsbezirke eher nennenswerte Verluste haben hinnehmen müssen. Daß der Landkreis Ludwigshafen zu den Aktivräumen des Landes zählt, beweist die absolute Bevölkerungsentwicklung zwischen 1950 und 1987. In diesem Zeitraum wuchs die Bevölkerung des Landes um 20,0 %, während die Zahl der Einwohner des Landkreises Ludwigshafen in seiner jetzigen Ausdehnung um 51,5 % zunahm. Auch darf der natürliche Altersaufbau der Bevölkerung des Landkreises als günstig bezeichnet werden.

Der produzierende Bereich

Der Anteil des produzierenden Gewerbes, Industrie und Handwerk, am Bruttoinlandsprodukt des Landkreises vergrößerte sich in den letzten eineinhalb Jahrzehnten zu Lasten der Landwirtschaft auf 31,3 % (1984).

Der Landkreis kann damit hinsichtlich der vertretenen Hauptwirtschaftsbereiche als eine verhältnismäßig ausgewogene Verwaltungseinheit ohne Kopflastigkeit bezeichnet werden.

Entgegen den kreisfreien Städten des Raumes, besonders Ludwigshafen mit seinen Großunternehmen, weist der Landkreis naturgemäß nur einen relativ schwachen Besatz mit Industriebetrieben auf. 1987 gab es hier insgesamt 83 kleine und mittelgroße Industriebetriebe mit 3434 Beschäftigten. Seit Anfang der 70er Jahre ging die Zahl der Arbeitnehmer um 370 zurück. Nach einer besonderen Erhebung sind mehr als die Hälfte der Unternehmen (52) Kleinstbetriebe bis zu 19 Beschäftigten, 16 Betriebe zählen 20 – 49 Arbeitnehmer, 5 Betriebe 50 – 99 Beschäftigte und 10 weitere Betriebe mehr als 100 Personen; in ihnen sind 73,3 % aller Beschäftigten tätig, während es vor wenigen Jahren erst 54 % waren. Das Gewicht der größeren und großen Betriebe hat also deutlich zugenommen. Für die Ansiedlung neuer Industriebetriebe in den ausgewiesenen Industriestandorten des Landkreises bestehen zwar durchaus günstige Voraussetzungen, jedoch ist nicht zu verkennen, daß die Jahre spektakulärer Neugründungen und Verlagerungen offensichtlich vorüber sind. Allerdings veranlassen eine begrenzte Ausdehnungsmöglichkeit in den Innenstädten, sehr hohe Bodenpreise und verschärfte Auflagen wegen unmittelbar angrenzender Wohngebiete Firmen immer wieder, ihre Produktionsstätten ins Umland der Stadt Ludwigshafen zu verlagern.

Die 1986 gezählten 46 Industriebetriebe des Landkreises mit 20 und mehr Beschäftigten erzielten mit 3150 Arbeitnehmern einen Umsatz von 540 Millionen DM, wovon ca. 18,3 % exportiert wurden. Wichtigster Arbeitgeber ist das Investitionsgüter produzierende Gewerbe mit 1449 Beschäftigten in 16 Betrieben. Von dem Gesamtumsatz in Höhe von 245 Millionen DM (1986) wurden für 74 Millionen DM Produkte im Ausland abgesetzt. Im Verbrauchsgüter produzierenden

Einen bedeutenden Wirtschaftsfaktor im Landkreis Ludwigshafen stellen die zahlreichen mittelständischen Betriebe dar.

Bereich sind 12 Unternehmen mit 739 Beschäftigten tätig. Sie setzten 1986 102 Millionen DM um. Jeweils 9 Betriebe sind den Hauptbereichen Grundstoff- und Produktionsgütergewerbe (380 Beschäftigte, 72 Millionen DM Jahresumsatz) und dem Nahrungs- und Genußmittelgewerbe (582 Beschäftigte, 122 Millionen DM Umsatz) zugeordnet. In der Nahrungs- und Genußmittelindustrie hatte sich bereits 1985 ein beträchtlicher Umsatzrückgang ergeben, weil die in Römerberg ansässig gewesene Malzfabrik, eine der größten in der Bundesrepublik, zu produzieren aufgehört hatte. Wichtigster Wirtschaftsstandort ist Schifferstadt, das einzige Mittelzentrum mit Teilfunktionen des Landkreises. In dieser historisch bedeutsamen Stadt haben sich einige namhafte industrielle Mittelbetriebe etabliert, wobei die gute verkehrsmäßige Anbindung und ein großzügig bemessenes Gewerbegebiet die Entscheidung zur Ansiedlung erleichtert hat. Im nördlichen Teil des Landkreises hat sich Bobenheim-Roxheim in der Vergangenheit zu einem beachtlichen Schwerpunkt mit interessanten Produktionsstätten verschiedenster Branchen entwickelt. Aus Ludwigshafen haben sich in den zurückliegenden Jahren mehrere Firmen in Maxdorf angesiedelt. Als weitere Industriestandorte sind Böhl-Iggelheim, Mutterstadt, Dudenhofen, Harthausen und Limburgerhof zu nennen. Darüber hinaus haben weitere Gemeinden in weiser Voraussicht Industrie- bzw. Gewerbegebiete ausgewiesen und erschlossen und bieten recht vorteilhafte Konditionen für neue Produktions- und Dienstleistungsbetriebe.

Die wertvollen Sand- und Kiesvorkommen im Altrheingebiet nördlich von Frankenthal und südlich von Ludwigshafen bildeten Jahrzehnte hindurch eine solide Grundlage für eine leistungsfähige Industrie mit beachtlicher Ausstrahlung. Heute ist es jedoch nur noch eine Frage von Jahren, bis die vorhandenen Kiesreserven erschöpft sein werden. Die idyllischen Baggerseen werden aber auch in ferner Zukunft wichtige Funktionen der Naherholung übernehmen und damit wirtschaftliche Faktoren darstellen.

Nach den Ergebnissen der letzten Zählung gab es 1977 im Landkreis 861 Handwerksbetriebe der verschiedensten Branchen. Innerhalb von zehn Jahren ging damit zwar die Zahl der Betriebe um mehr als 10 % zurück, jedoch stieg andererseits die Beschäftigtenzahl um ca. 8 % auf 5100 überproportional. In diesen Zahlen findet der allgemeine Trend zum größeren Handwerksbetrieb seinen Niederschlag; sie sprechen aber auch für durchgreifende Rationalisierungserfolge. Neben Nahrungsmittelhandwerk und Metallverarbeitung sind das Bau- und Ausbaugewerbe leistungsstark und flächendeckend vertreten. Vielfach sind auch Handwerksbetriebe als Zulieferanten für die chemische Großindustrie in Ludwigshafen tätig.

Dienstleistungsbereich

Obwohl der gesamte Dienstleistungssektor mit Handel, Verkehr und sonstigen Dienstleistungen seinen Anteil am Bruttoinlandsprodukt zwischen 1961 und 1984 nicht wesentlich ausdehnen konnte, entfallen doch mehr als 43 % auf diesen Bereich. 1984 waren im Landkreis unverändert 181 Großhandelsbetriebe ansässig, die einen Jahresumsatz von 592 Millionen DM tätigten. Hier verdienen eine Reihe von Obst- und Gemüsegroßhandlungen besondere Erwähnung, die vorzugsweise mit den beiden im Landkreis Ludwigshafen angesiedelten Großmärkten in Mutterstadt/Dannstadt-Schauernheim und Maxdorf zusammenarbeiten, wobei insbesondere der auf der grünen Wiese erstellte Pfalzmarkt, der 1988 eröffnet worden ist, auch überregional eine beachtliche Bedeutung erlangen dürfte.

Die Zahl der Einzelhandelsbetriebe hat sich zwischen 1968 und 1984 von 711 auf 740 erhöht, ihr Umsatz kletterte von 95 auf 975 Millionen DM um 126 %. In diesen Zahlen kommen nicht nur die durchgreifenden strukturellen Veränderungen im Bereich des Einzelhandels zum Ausdruck, sondern Grund für diese außergewöhnliche Umsatzausweitung ist die Tatsache, daß moderne Großbetriebe des Einzelhandels im Landkreis ansässig sind und Mutterstadt Sitz eines bekannten Verbrauchermarktunternehmens ist. Darüber hinaus erweist sich in Bobenheim-Roxheim der Zweigbetrieb eines Verbrauchermarktkonzerns als Kundenmagnet. 1986 betrug daher der Umsatz des Einzelhandels im Landkreis deutlich mehr als eine Milliarde DM.

In den anderen Zweigen des Dienstleistungsbereichs, der Energieversorgung, der Kreditwirtschaft, des Güternah- und Fernverkehrs, gibt es gleichermaßen überwiegend mittelständisch strukturierte Unternehmen, die, ebenso wie die Gebietskörperschaften, ihren Anteil an der Erwirtschaftung des Bruttoinlandsproduktes des Landkreises leisten.

Kiesförderung bei Waldsee.
Die gut ausgebaute B 9 bei
Bobenheim-Roxheim.

Infrastruktur und Straßenbau

Der hohe Industrialisierungsgrad des Rhein-Neckar-Raumes brachte mit sich, daß das Gebiet des Landkreises von einer Erdöl- und Produktenpipeline und einer Erdgaspipeline durchschnitten wird. Das engmaschige Netz von Hochspannungsleitungen, die für die Industrie und Bevölkerung dieses eng besiedelten Gebietes die erforderlichen Energiemengen transportieren, ist ein sichtbarer Ausdruck der Wirtschaftskraft der Region.

Jahrelang war die Region Rheinpfalz bezüglich der Straßenbaumaßnahmen insbesondere gegenüber den nördlichen Landesteilen benachteiligt. In der jüngeren Vergangenheit vollzog sich hier ein deutlicher Wandel. Der offensichtliche Rückstand wurde zwischenzeitlich weitgehend aufgeholt. Die linksrheinische Autobahn, die den Kernbereich des Ballungszentrums umgeht, ist längst zu einer unverzichtbaren Hauptverkehrsachse zwischen Nordwest- und Süddeutschland geworden. Der vierstreifige Ausbau der B 9 innerhalb des Gebietes des Landkreises ist abgeschlossen. Die A 650 zwischen Bad Dürkheim und Ludwigshafen gehört zu den am stärksten belasteten Straßen dieses Raumes. Die A 65 nach Neustadt, die über Edenkoben hinaus in Richtung Landau führt, hat ganz erheblich zur Verbesserung der Infrastruktur der Region beigetragen. Ein attraktives und leistungsfähiges Straßennetz ist auch dringend erforderlich, weil nach den letzten verfügbaren Ergebnissen der Volks- und Berufszählung über 33 500 Personen allein aus dem Landkreis täglich in erster Linie mit dem Kraftfahrzeug ihre Arbeitsplätze in den benachbarten Städten erreichen, ganz abgesehen von den zahlreichen Berufstätigen aus angrenzenden Städten und Gemeinden des Gebiets, die den Landkreis nur durchfahren. Mit der wachsenden Bevölkerungszahl des Landkreises ist in den letzten Jahren auch der Auspendlerstrom deutlich angewachsen, während andererseits nur etwa 4000 Menschen aus den Randbereichen im Gebiet des Landkreises arbeiten.

Es wäre unrealistisch, annehmen zu wollen, daß der Individualverkehr in Zukunft an Bedeutung verlieren wird. Der Drang der Menschen nach Mobilität ist ungebrochen, die Gegensätze zwischen Stadt und Land werden sich weiter abbauen, da sich auch die Lebensformen immer mehr angleichen. Dem öffentlichen Personennahverkehr wird daher in Zukunft ein besonderer Stellenwert zufallen. Der des Rhein-Neckarraumes, der überwiegend auf den Bundesbahngleiskörpern abgewickelt werden soll, wird, wenn die finanziellen Probleme gelöst sind, in absehbarer Zeit stufenweise realisiert werden, wobei angestrebt ist, das länderübergreifende Gebiet zu einer noch festergefügten wirtschaftlichen Einheit zusammenwachsen zu lassen. So wird der schienengebundene Massenverkehr auch in Zukunft ein unabdingbarer Bestandteil der Infrastruktur der Region bleiben. Die Bundesbahnlinie Ludwigshafen/Schifferstadt/Neustadt, weiter nach Kaiserslautern und Paris wird nichts von ihrer Bedeutung einbüßen. Die Elektrifizierung der Bahnstrecke Schifferstadt/Speyer/Germersheim/Wörth und Karlsruhe bleibt eine der nachhaltigen Forderungen der Wirtschaft.

Zuversichtliche Prognose

Das auch für die Zukunft erwartete, allerdings abgeflachte Bevölkerungswachstum des Landkreises Ludwigshafen wird sich verstärkt entlang einzelner Entwicklungsachsen in Nord/Süd- und Ost/West-Richtung vollziehen. Eine Abstimmung der Raumplanung zwischen den benachbarten Städten und Landkreisen, die in der Planungsgemeinschaft Rheinpfalz zusammengeschlossen sind, ist zwingend erforderlich, um einer Zersiedelung der Landschaft erfolgreich entgegenzuwirken. Selbst über die Landesgrenze hinweg erfolgt eine enge Zusammenarbeit innerhalb des Rhein-Neckargebietes, eines der großen Verdichtungsräume der Bundesrepublik, das sich durch seine zentrale und verkehrsgünstige Lage in Mitteleuropa auszeichnet.

Die Chancen stehen gut, daß die Region ihre vielseitigen wirtschaftlichen Aktivitäten weiter entwickelt. Um seine Zukunft braucht daher auch dem Landkreis Ludwigshafen nicht bange zu sein.

SALAT, SPINAT, SPARGEL
LANDWIRTSCHAFT

Die Landschaft und ihre Besonderheiten

Boden- und Klimaverhältnisse

Zwischen dem Rhein mit seinen zahlreichen Nebenarmen und Mäandern und seinen zum Teil ausgeprägten Überflutungs- und Verlandungszonen als östlicher Landkreisgrenze und dem im Westen dem Haardtrand vorgelagerten Hochgestade liegt die von tiefen „Formationen" eingeschlossene, in Nord-Süd-Richtung verlaufende Rheinterrasse mit ihren entstehungsbedingt verschiedenen, auf engstem Raum wechselnden Bodenverhältnissen. So gehen die in der Rheinaue anstehenden Hochflutlehme, mit besten Bodenzahlen geeignet für Weizen- und Zuckerrübenanbau, oft unmittelbar über in die sog. Bruchgebiete (Moorböden), wobei sich im Mittelstreifen der Rheinterrasse ausgeprägte Sand- mit Schluff- und Tonböden abwechseln. Noch extremer sind die Verhältnisse im Südwest-Bereich um Schifferstadt und Speyer mit zum Teil extrem armen Dünensanden, während sich die fruchtbaren Löß-Böden vornehmlich auf schmale Geländestreifen im Nordwesten des Kreisgebietes beschränken.

Wesentlich „homogener" als die Boden- präsentieren sich die Klimaverhältnisse im Landkreis, wenngleich auch sie im langjährigen Vergleich einige Extreme aufweisen. So registriert die Wetterstation des Limburgerhofs 1986 mit 779 mm Niederschlag als extrem nasses und 1971 mit nur 343 mm als extrem trockenes Jahr. So gab es von 1922 – 1988 immerhin acht nasse (über 700 mm) und nur sieben ausgesprochen trockene Jahre (unter 400 mm), bei mittleren Niederschlägen von 556,2 mm/Jahr jährlich durchschnittlich 1 693 Sonnenstunden und einer Jahresdurchschnittstemperatur von 10,0 Grad C. Derartige Klimaverhältnisse bieten ideale Voraussetzungen für den Anbau von Spezialkulturen wie Frühkartoffeln, Salat usw., unter der Voraussetzung zusätzlicher Wasserversorgung. Diese ermöglicht der ab 1972 bis 1981 in Etappen ausgebaute Vorderpfälzer Beregnungsverband.

Naturlandschaft und Landschaftsschutz

In Nord-Süd-Richtung mit einer Gesamtlänge von ca. 42 km, in Ost-West-Richtung an der breitesten Stelle mit ca. 20 km, gliedert sich der Landkreis in die zwei naturräumlichen Bereiche der Rheinaue und der Rheinebene, die bei Höhen zwischen 90 und 100 m über NN in ihrem Landschaftsbild geprägt sind von den mit Auewäldern bestockten Altrheinarmen und von fruchtbarem Ackerland.

Eine solche Region gibt natürlich vielfältigen Ansatz zu Natur- und Landschaftsschutz, wobei die Idee einer verstärkten Ausweisung und Sicherung von Naturschutzgebieten im Interesse einer gesunden Umwelt auch innerhalb der Landwirtschaft immer breitere Zustimmung findet. So präsentiert sich der Landkreis heute schon mit 14 Naturschutzgebieten auf insgesamt 700 ha (2,3 % der Kreisfläche) im Vergleich zu Rheinland-Pfalz (0,6 %) bzw. dem Bundesgebiet (1,1 %) als ausgesprochen „grün", ergänzt durch die Stadt Ludwigshafen mit einem ebenfalls großen „innerstädtischen Grünareal (Maudach, Willersinn u. a.). Zum Erhalt dieses „Grüns" leisten auch die Landwirte ihren Beitrag, nicht zuletzt durch Sicherung eines optimalen Grundwasserstandes mittels „künstlicher" Beregnung.

Landwirtschaft zwischen Rhein und Wein

Der Kontrast zwischen gigantischen Industrieanlagen am Rheinufer, dem nach Westen anschließenden, teils folienbedeckten, teils beregneten, immer aber intensiv bewirtschafteten landwirtschaftlichen Areal und dem mit Weinstraße und Südpfalz markierten landschaftlich reizvollen Süd-Westen, gibt dem Landkreis sein unverwechselbares Gepräge.

Entwicklung und Strukturen

- *Bodenproduktion:* Eine intensive Bodennutzung neben dem Anbau der „Klassiker" Getreide, Zuckerrüben und Mais, den „Neulingen" Durum, Raps und Sonnenblumen, vor allem aber Frühkartoffel- und Gemüseanbau, ist charakteristisch für den Landkreis. Die klimatischen Vorzüge zusammen mit den Korrekturmöglichkeiten durch den „Zusatzregen" bieten gemeinsam mit der unmittelbaren Marktnähe des Großraums Ludwigshafen/ Mannheim geradezu ideale Voraussetzungen für eine erfolgreiche Landwirtschaft. Dabei wird die landwirtschaftliche Nutzfläche (LN) des Kreisgebietes mit 21 380 ha auf 20 416 ha oder 96 % geprägt durch Ackerbau, während Grünland, Wein- und Obstbau mit einem Anteil von max. 4 % an der LN praktisch ohne Bedeutung sind.

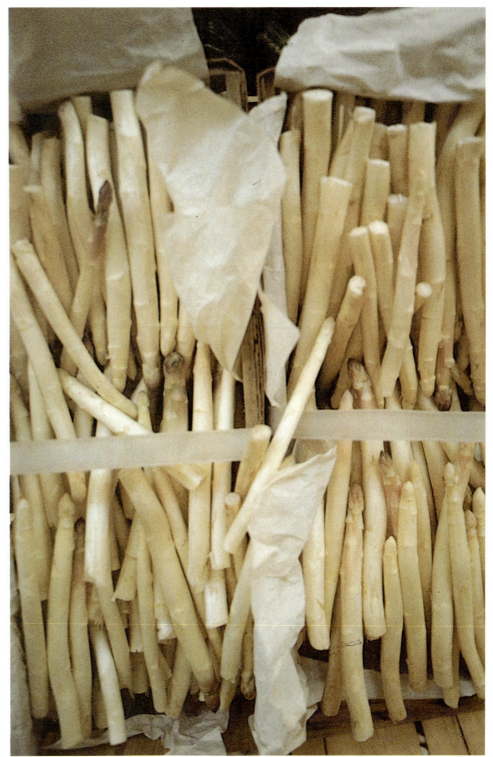

Wem das „weiße Gold" oft zu teuer ist, der mag bedenken, wieviel Pflege die Spargeläcker bedürfen und wie mühsam das Stechen der Spargel im Mai/Juni ist (oben). Unten: junge Tabakpflänzchen.

Auf der Ackerfläche dominieren mit 52 % die Sonderkulturen, während der Getreideanbau als „Unterbrecherkultur" 48 % ausmacht. Von den Sonderkulturen nahmen 1987/88 mit 4 647 ha (23 % der AF) die Kartoffeln die größte Fläche in Anspruch, gefolgt von Zuckerrüben und Gemüse mit jeweils 2 800 ha (14 %). Mit über 1 000 ha (6,6 %) kommt dem Anbau unter Folie besondere Bedeutung zu. Was das Ertragsniveau betrifft, so können sich die durchschnittlichen Resultate bei Getreide mit 60 – 80, bei Zuckerrüben mit 500 – 600 oder bei Kartoffeln mit 300 – 500 dt/ha durchaus mit denen anderer Regionen messen.

Viehhaltung: Die spezielle Betriebsausrichtung läßt der Viehhaltung im Landkreis heute nur noch wenig Raum, verglichen mit der Zeit um die Jahrhundertwende, als im Lambsheim des Jahres 1907 nach Kinkel noch 216 Pferde, 713 Stück Rindvieh und 1 193 Schweine gehalten und allein in Maxdorf noch 11 441 Gänse gemästet wurden. Im Jahr 1988 sind im Landkreis 518 Pferde, 1 475 Kopf Rindvieh (Kühe, Rinder, Bullen, Kälber), darunter 448 Milchkühe und 4 481 Kopf Schweine (Zuchtsauen, Mastschweine, Ferkel), darunter 2 476 Mastschweine, statistisch erfaßt, wovon mit 360 Rindern und 1 100 Schweinen jeweils 25 % in den Stallungen des BASF Gutsbetriebes in Limburgerhof-Rehhütte stehen. Der enorme Rückgang allein in den vergangenen fünf Jahren mit 42 % bei den Milchkühen und knapp 50 % bei den Mastschweinen zeigt einmal mehr die konsequente Ausrichtung der hiesigen Landwirtschaft auf die spezifischen Möglichkeiten in der Vorderpfalz. Dabei tat die traditionelle Kleinbetriebsstruktur der Region sicher ein Übriges zur Beschleunigung dieses Anpassungsprozesses.

Betriebe: Hinsichtlich der seit Generationen typischen bäuerlichen Kleinstruktur hat sich auch im Landkreis in den letzten vier Jahrzehnten einiges verbessert. So wuchs der Durchschnittsbetrieb von 1950 mit nur 4,7 ha auf 17,9 ha 1988, während im gleichen Zeitraum die Zahl der landwirtschaftlichen Betriebe mit einer Flächenausstattung über 20 ha von 56 auf 414 zunahm. Dieser Strukturwandel wird sich auch künftig fortsetzen, wenn auch in anderer Dimension als beispielsweise in marktfernen, „von der Natur benachteiligten Gebieten": Reduzierte sich innerhalb von knapp 30 Jahren (1960 bis 1988) die Zahl der Betriebe im Landkreis, Gesamtfläche 46 929 ha, davon LN 21 380 ha (45,5 %), Wald 5 125 ha (10,9 %) – Stand 1988 – von 4 704 auf heute 1 196 um rund 75 % (jährlich um 2,6 %), so war verglichen damit das „Bauernsterben" beispielsweise im Landkreis Pirmasens im gleichen Zeitraum mit jährlich 5,4 % wesentlich „beängstigender". Zwar ist die Flächenausstattung im Landkreis auch mit durchschnittlich 17,9 ha/Betriebe durchaus noch steigerungsbedürftig, andererseits haben unsere Bauern jedoch die andernorts nur selten gegebene Möglichkeit der Kompensation dieses Defizits über intensiven Spezialkulturenanbau. Daneben dürfte aber auch die relativ günstige Arbeitsmarktsituation im Großraum Ludwigshafen/Mannheim einiges zum problemloseren Strukturwandel innerhalb der hiesigen Landwirtschaft beigetragen haben, da in der Vergangenheit dank eines stark aufnehmenden Arbeitsmarktes in der Region relativ günstige Voraussetzungen, speziell für den Übergang in den landwirtschaftlichen Nebenerwerb bestanden. Allein bei der BASF-AG sind nach der 88er Statistik ca. 12 000 Mitarbeiter aus den verschiedenen Orten des Landkreises beschäftigt, unter ihnen eine große Zahl ehemaliger Landwirte, was erklärt, daß von den heute noch existierenden ca. 1 200 Betrieben ca. 360 (30 %) im Nebenerwerb wirtschaften.

Einrichtungen und Angebote

Die „Pfalzmärkte": In einer Region mit derart günstigen Produktionsvoraussetzungen bei einer kurzen Distanz zum Verbraucher besitzen Markt und Vermarktung Schlüsselfunktionen. Unter diesem Vorzeichen haben die beiden vorderpfälzer Märkte Maxdorf und Schifferstadt/Pfalzmarkt eine besondere, künftig weiter wachsende Bedeutung. Lag ihr Umsatz 1981 erst bei 39 Mio., so stieg er 1987/88 auf 74,71/72,10 Mio. DM. Im Zeitraum 1981 – 1988 setzten Schifferstadt/Pfalzmarkt 57 %, Maxdorf/Lambsheim 43 % des Gesamtangebotes von jährlich 53,91 Mio. DM um, mit stärkerer Umsatzverlagerung in Richtung „Pfalzmarkt" Mutterstadt während der letzten Jahre (Umsatz 1988: Pfalzmarkt

Großmarkt in Maxdorf

Mutterstadt: 54,0 Mio. (74,9 %), Markt Maxdorf: 18,1 Mio. DM (25,1 %). Die Gesamtumsätze aller rheinland-pfälzischen Erzeugergroßmärkte der vergangenen acht Jahre in Relation gesetzt zu den Umsätzen der zwei Märkte in der Vorderpfalz, zeigt mit einem Anteil von 65,3 Mio. DM oder 56 % von 116,7 Mio. DM die Bedeutung dieser Regionalmärkte. Neben Obstumsätzen mit nur 2,8 Mio. DM (5,7 % vom 88er Landesumsatz) waren es vor allem die Mengen- und finanziellen Umsätze im Gemüsebau mit 69,4 Mio. DM (92,3 % von 75,5 Mio. DM), mit denen die Pfälzer landesweit eindeutig das Marktgeschehen 1988 beherrschen. Auch vor diesem Hintergrund war die Einrichtung des zentralen Pfalzmarktes 1987 (Verlagerung von Schifferstadt nach Mutterstadt) durchaus konsequent, wobei eine künftig engere Kooperation der beiden räumlich dicht nebeneinander liegenden Märkte sich zusätzlich günstig auf die Erlössituation der hiesigen Landwirtschaft auswirken dürfte.

Die Kartoffelerzeugergemeinschaft: Schlagkräftige Vermarktungsstrukturen im Landkreis werden ergänzt durch bäuerliche Erzeugergemeinschaften im Bereich Zwiebeln und Kartoffeln. Vor allem der Kartoffelerzeugergemeinschaft, 1969 als Zusammenschluß kartoffelanbauender Landwirte gegründet und ab 1986 als „Pfälzische Früh-, Speise- und Veredlungskartoffel-Erzeugergemeinschaft (Sitz Frankenthal) firmierend, kommt hinsichtlich der „Anpassung der Erzeugung und der des Absatzes an die Erfordernisse des Marktes durch die Ausrichtung der Produktion nach gemeinsamen Erzeugungs- und Qualitätsregeln besondere Bedeutung zu. Die derzeit im Verein organisierten 550 Kartoffelanbauer (80 % aller Kartoffelerzeuger) bearbeiten z. Zt. eine Anbaufläche von 4 200 ha, davon 3 200 ha Früh-, 600 ha Veredlungs- und 400 ha Speisekartoffeln, bei einer Gesamtrodung 1988 von allein rund 100 000 t Frühkartoffeln (1968: ca. 20 000 t). Bezogen auf die gesamte Anbaufläche pflanzt heute jeder der rund 700 Kartoffelbauern ca. 4,6 ha Frühkartoffeln, 0,8 ha Veredlungs- und 0,6 ha Speisekartoffeln und erreicht mit dieser Gesamtfläche von 6,00 ha je nach Ertrag und Erzeugerpreis eine jährliche Bruttoeinnahme von durchschnittlich 53 000,– DM allein aus dem Kartoffelgeschäft. Kalkuliert man für Früh-, Veredlungs- und Speisekartoffeln mit Erträgen von 300/380/400 dt/ha und Erzeugerpreisen von 30/25/18,– DM/dt, so bedeutet eine durchschnittliche Jahresproduktion von insgesamt 1 350 Mio. dt Kartoffeln eine Brutto-Einnahme von 37,5 Mio. DM für die Vorderpfälzer „Kartoffelpflanzer".

Daß auch der Zwiebelanbau in der Region eine große Bedeutung hat, zeigen sowohl die Anbaufläche von ca. 1 000 ha wie ein Umsatzvolumen zwischen 15 und 20 Mio. DM. Rund die Hälfte der Erzeuger (35 – 40 000 t) werden über ortsansässige Genossenschaften bzw. Landhändler, die andere Hälfte übergebietlich vermarktet.

– *Beregnungsverband nördliche Vorderpfalz:* Bereits Anfang der 60er Jahre mußte man im vorderpfälzischen Raum einerseits einen rapid ansteigenden Wasserverbrauch, andererseits einen Rückgang der Grundwasservorkommen feststellen. Um den damit verbundenen Gefahren zu begegnen, wurde der Generalplan zur Großberegnung der Vorderpfalz geboren. Nach diesem Plan sollte für die landwirtschaftlich genutzten Flächen Beregnungswasser bereitgestellt werden, wobei davon ausgegangen wurde, daß der Wasserbedarf weiter ansteigen würde, der Grundwasservorrat aber nicht zur landwirtschaftlichen Beregnung, sondern primär zur Trinkwasserversorgung vorzuhalten sei. Mit der Bereitstellung von Oberflächenwasser aus dem Altrhein konnte die bisher in der Vorderpfalz praktizierte Versorgung mit Beregnungswasser aus privaten Flachbrunnen entfallen. 1965 wurde dann der „Wasser- und Bodenverband zur Beregnung der nördlichen Vorderpfalz" gegründet und mit seinem praktischen Ausbau im Jahr 1969 begonnen, mit Anschluß des ersten Abnehmerverbandes Waldsee-Otterstadt-Neuhofen (1 462 ha) 1972. Mit dem Anschluß des letzten Unter-Verbandes Frankenthal 1981 (1 707 ha) war dann der Groß-Verband in seiner ersten Ausbauphase mit 11 850 ha komplett. Innerhalb des Verbandes gibt es anbaubedingt regional große Unterschiede, d. h. sehr starker Wasserverbrauch im Gebiet Mutterstadt (22 % der Verbandsfläche und 1988 32 % der gesamten Verbandsmenge) und relativ geringer Verbrauch in der Region Wald-

see/Otterstadt (12 % Flächenanteil, 7,3 % Verbrauch). Von 1975 bis 1988 haben die Landwirte des Verbandes 70,7 Mio. cbm Wasser verbraucht, gleichbedeutend mit 5 Mio. cbm pro Jahr oder 498 cbm je ha
(50 mm). Den höchsten Verbrauch verzeichnet das Jahr 1985 mit 8,2 Mio., den niedrigsten 1987 mit nur 3,8 Mio. cbm.
Die Einrichtung des Vorderpfälzer Beregnungsverbandes, Auslöser des heute für die Landwirte des Landkreises lebens- und überlebenswichtigen Spezialkulturenanbaus, ist mit seiner „langfristigen Zielsetzung, die Beregnungswasserversorgung durch zentrale Anlagen sicherzustellen," von zweifacher Bedeutung: Zum einen wirkt sie sich wegen wesentlicher Verbesserung der Betriebsstruktur vorteilhaft auf den Erhalt der Betriebe aus, zum anderen wird neben der Sicherstellung der Wasserversorgung für alle Bereiche auch das Grundwasser zum Zweck der Trinkwasserversorgung geschützt. 1986 ging die Verbandsführung von der Kreisverwaltung in die Hände der Landwirte, seitdem zahlen die Bauern –,40 DM/cbm für ihr Beregnungswasser. Welcher Segen der Beregnungsverband (Gesamtinvestitionssumme ca. 150 Mio. DM) für die angeschlossenen rund 850 „Beregnungslandwirte" bedeutet, weiß derjenige zu würdigen, der sich der extrem Dürrejahre 1971 und 1976 (343 bzw. 370 mm Niederschlag) mit verheerenden einzelbetrieblichen Folgen (z. T. totaler Ernteausfall bzw. massive Qualitätseinbußen), speziell auf leichten Böden erinnert. Gäbe es den Beregnungsverband der Vorderpfalz nicht, hätten Landschaft und Landwirtschaft hier und heute sicher ein anderes Gesicht.

Landwirtschaftliche Versuchsstation Limburgerhof: Im geographischen Mittelpunkt des Landkreises liegt der Limburgerhof mit der landwirtschaftlichen Versuchsstation und dem Gutsbetrieb der BASF, Einrichtungen, die in den letzten Jahrzehnten Wesentliches zur Entwicklung der Landwirtschaft auch in der hiesigen Region beigetragen haben. Gegründet 1914, lagen Forschungs- und Versuchsschwerpunkte zunächst im Bereich pflanzlicher Nährstoffversorgung. Kurz nach dem Zweiten Weltkrieg erfolgte dann der Einstieg und in den Folgejahren eine zunehmend stärkere Verlagerung aller Aktivitäten auf das Feld des Pflanzenschutzes. Heute sind beide Arbeitsgebiete im Verhältnis 20:80 die tragenden Säulen einer Versuchsstation, die seit Bezug der neuen Verwaltungsgebäude 1988 ca. 1 300 Mitarbeiter beschäftigt und der neben zahlreichen Forschungs-, Entwicklungs-, Labor- und Werkstattgebäuden als „Arbeitsbasis" Gewächshausflächen von 1,3 ha, Freilandflächen von 120 ha und der Gutsbetrieb Rehhütte mit ca. 700 ha LN zur Verfügung stehen.
Auf diesem in unmittelbarer Nachbarschaft zur Versuchsstation gelegenen Gutsbetrieb kommen die theoretischen und zum Teil schon in Feldversuchen gewonnenen Erkenntnisse zur praktischen Anwendung. Unter Berücksichtigung der spezifischen Standortgegebenheiten wird auf der Rehhütte erfolgsorientiert gewirtschaftet und dabei gleichzeitig den Zielen des integrierten Pflanzenbaus Rechnung getragen. Dabei hat auch die Viehhaltung des Betriebes eine große wirtschaftliche Bedeutung und trägt mit ihren auch überregional anerkannten Leistungen wesentlich zum Renomée des Limburgerhofes bei.

– *Ausbildung und Beratung:* Die allgemeine Entwicklung in der Landwirtschaft und die besondere Situation in der Vorderpfalz (zunehmende Spezialisierung in Richtung „Gartenbau") haben zwangsläufig Auswirkungen auch auf den schulischen Bereich. Rapider Rückgang der Schülerzahlen in den letzten Jahren mit weiter fallender Tendenz bedeutet nach der Schließung der Fachschulen in Frankenthal und Alzey auch für die Schule in Landau demnächst das „Aus". Stattdessen konzentriert sich die Fachschulausbildung mit der kürzlich erfolgten Einrichtung des Fachschulbereichs „Gartenbau" mit den Fachklassen „Zierpflanzenbau" und „Gemüsebau" an der Landes-Lehr- und Forschungsanstalt in Neustadt/Weinstraße künftig ausschließlich auf diesen Schulstandort, was sicher im Hinblick auf Angebot, Organisation und Qualität der Ausbildung positiv zu werten ist. Was die praktische Weiterbildung des landwirtschaftlichen Nachwuchses im Landkreis betrifft, so zeigt auch diese in den letzten Jahren beispielsweise in Sachen Meisterprüfung ebenfalls weiter fallende Tendenz. Dabei werden sich nur noch vereinzelt Anwärter,

Zwiebeln, Radieschen und Salat: nur drei Produkte einer reichhaltigen „grünen Angebotspalette".

Eine „frische Brise" tut not: Arbeit beim Großmarkt.

speziell aus Gemischtbetrieben, der landwirtschaftlichen Meisterprüfung unterziehen, während die Mehrzahl sich für die gartenbauliche Ausbildung und damit für die Gärtner-Meisterprüfung entscheiden dürfte: Auch dies eine Konsequenz der aktuellen Entwicklung der hiesigen Landwirtschaft in Richtung Gartenbau.

Standesvertretung: Die „Pfälzische Bauern- und Winzerschaft" hielt im Mai 1899, damals als „Bund der Landwirte" in Neustadt eine erste Sitzung ab. Die zu Beginn mit 5 487 Mitgliedern schon recht starke Organisation ging 1919 in Kaiserslautern in einer „Freien Bauernschaft, christliche Gewerkschaft zur Wahrung wirtschaftlicher Interessen der Landwirtschaft", auf, um ab 1947 nach der „Zwischenepoche" des Reichsnährstandes endgültig unter ihrem heutigen Namen zu firmieren. Erklärte Ziele dieses Zusammenschlusses sind wirtschaftliche und wirtschaftspolitische Interessenvertretung für die Angehörigen des Berufsstandes, Betreuung und Beratung, Hilfestellungen in wirtschaftlichen und sozialen Fragen, sowie Förderung des Ausbildungs- und Genossenschaftswesens. Dazu agiert der Verband auf den verschiedensten Sachgebieten, so in der Markt- und Preis-, Kredit- und Strukturpolitik, bei Steuer-, Entschädigungs-, Rechts-, Ausbildungs- und Sozialfragen sowie in der Landfrauen- und der Landjugendarbeit. 1988 waren im Landkreis 36 Ortsvereine (7 % von 513 des Gesamtverbandes) mit 1 160 Mitgliedern (8,6 % von 15 500 des Gesamtverbandes) registriert, die rund 18 100 ha Landwirtschaft, 730 ha Gemüse-/Obstbau und 124 ha Weinbau (11,7 % von 161 377 ha des Gesamtverbandes) vertraten.

Zukunftsperspektiven

Die Landwirtschaft im Landkreis Ludwigshafen ist gekennzeichnet durch eine hohe Intensität bei einer kulturartenbezogenen großen Vielseitigkeit. Außer von Getreide und Zuckerrüben und neuerdings Durum, Raps und Sonnenblumen erwirtschaften die Vorderpfälzer, durchweg viehlosen Bauern in ihren relativ flächenarmen Betrieben ein verhältnismäßig hohes Einkommen und zwar primär über den Anbau von Kartoffeln, Gemüse und anderen „Gartenkulturen". Tragende Säulen des „Agrargeschäftes" im Landkreis sind aber nicht nur der Intensivanbau, zum Teil unter Folie bzw. unter Einsatz künstlicher Beregnung, sondern auch eine ausgezeichnete Vermarktungsstruktur, u. a. dank der „Pfälzmärkte" in Mutterstadt und Maxdorf und eines gut ausgebauten, leistungsstarken Landhandels- und Genossenschaftswesens sowie einer kaufkräftigen Kundschaft direkt „vor der Haustür". Offizial- und Industrieberatung stehen „für alle Fälle" zur Verfügung, die Fachausbildung dürfte künftig bei noch stärkerer Konzentration an der Landes-Lehr- und Forschungsanstalt in Neustadt Qualität und Effizienz weiter steigern und der Bauernverband schließlich als regionale Standesvertretung seine Aktivitäten auf neue Felder ausweiten und damit gerade in den kommenden Jahren eines massiven Strukturwandels zusätzliche Bedeutung erfahren.

Die Landwirtschaft, wo auch immer, fühlt sich seit eh und je der Tradition verpflichtet. In diese Tradition ist zunehmend auch die Verpflichtung zum Erhalt einer intakten Landschaft und zu einem sinnvollen, sich positiv ergänzenden Nebeneinander von intensiver Landnutzung und naturbelassenen Räumen mit einzubinden. Dies gerade im Landkreis Ludwigshafen um so mehr, als die Bauern der hiesigen Region vor allen anderen selten günstige Voraussetzungen haben, die der Landwirtschaft bevorstehenden, wirtschaftlich schwierigen Phasen erfolgreich zu überstehen. Diese Standortvoraussetzungen gilt es natürlich zu sichern oder weiter zu verbessern, sei es über noch stärkere Betonung produktbezogener Qualitätsziele, über eine noch feiner abgestimmte Koordination auf der Angebotsseite, u. a. über kompetent gesteuerte Erzeugergemeinschaften in fairer Kooperation mit der aufnehmenden Hand (Genossenschaften, Landhandel) und schließlich durch Praktizieren bäuerlicher Solidarität untereinander, mit ab und an sicher erforderlicher, dabei durchaus zumutbarer Unterordnung des Einzelnen (Erzeugergemeinschaft, Beregnungsverband) im Interesse des Gemeinwohls. Gerade in einem künftigen gesamteuropäischen Markt mit noch massiverer Konkurrenz, vor allem im Gemüse-, Obst-, und Weinbau, sollten sich die Landwirte des Landkreises nicht allein auf die günstigen Produktionsvoraussetzungen der Vorderpfalz verlassen, sondern sich der ganz besonders in schwierigen Zeiten immer wieder bewährten „Tugend" des Mit- und Füreinanders erinnern.

Die BASF-Versuchsstation Limburgerhof und der Großmarkt Mutterstadt/Dannstadt.

„Goldener Herbst" herrscht in den Weinanbaugebieten des Kreises, wenn im September und Oktober die reifen Trauben in der späten Sonne funkeln.

Weinlese bei Heuchelheim.

Die intensive Berieselung der Felder, wie hier bei Fußgönheim, ermöglicht mehrere Ernten pro Jahr.

Schafzucht in einem bäuerlichen Betrieb in Lambsheim.

Der Nonnenhof bei Bobenheim-Roxheim.

Bauernhof in Dannstadt.

In den Holzschuppen werden die
Tabakblätter zum Trocknen aufgehängt.

Tabakfeld bei Harthausen.

Ob Malen, Töpfern, Gestalten: Der Kreativität sind bei solchen, überaus beliebten Kursen der Kreisvolkshochschule keine Grenzen gesetzt.

VON MATHE BIS MUSIK KREISVOLKSHOCHSCHULE UND KREISMUSIKSCHULE

1970, ein Jahr, nachdem sich der neue Landkreis Ludwigshafen aus den alten Landkreisen Speyer, Ludwigshafen und Frankenthal gebildet hatte, beschlossen die politischen Gremien des Kreises die Gründung einer Kreisvolkshochschule (KVHS).

In den noch nicht einmal zwei Jahrzehnten ihres Bestehens hat diese Einrichtung des Landkreises eine bemerkenswerte Entwicklung genommen: Aus dem kleinen „Einmannbetrieb", der zwischen den traditionellen Volkshochschulen von Mannheim, Ludwigshafen, Worms, Frankenthal und Speyer zunächst einen „harten Existenzkampf" zu bestehen hatte, ist inzwischen eine gut ausgestattete Erwachsenenbildungseinrichtung geworden, die zu den größten im Lande Rheinland-Pfalz gehört.

500 Dozentinnen und Dozenten stehen den Wißbegierigen in den örtlichen Volksbildungswerken zur Verfügung. Sie unterrichten in Sprachkursen, die das Erlernen des Englischen, des Französischen und einer Vielzahl weiterer Fremdsprachen zum Ziele haben. Sie vermitteln Kenntnisse im EDV-Bereich und führen in die Techniken des Maschinenschreibens und der Kurzschrift ein.

Schwerpunkte des KVHS-Programms sind Veranstaltungen in den Bereichen Hauswirtschaft, Gesundheitsfürsorge, vor allem aber die der Kreativität sowie der Freizeit, die für die Menschen unserer Tage eine immer wichtigere Bedeutung erlangen. Seminar- und Kursangebote mit geschichtlichen Themen, Hilfen im psychologischen und pädagogischen Bereich runden das breite Angebot der Volkshochschule ab, die tatsächlich für jeden etwas bereit hält.

Die KVHS Ludwigshafen präsentiert sich als moderne Erwachsenenbildungseinrichtung, die sich in ihrem Programmangebot ständig an den Bedürfnissen der Kreisbewohner sowie an den sich wandelnden gesellschaftlichen Situationen orientiert. Kein Wunder also, daß eine so auf Zukunft gerichtete Konzeption von den Bürgern gerne angenommen wird. 30 000 Landkreisbewohner besuchen jährlich die Veranstaltungen der Kreisvolkshochschule, d. h. jeder Vierte nimmt die Gelegenheit wahr, sich in Kursen, Seminaren und Workshops weiterzubilden, die in 14 Außenstellen der Kreisvolkshochschule in den einzelnen Kreisgemeinden angeboten werden.

Als einzige Bildungseinrichtung des Landes bietet die Kreisvolkshochschule ein komplettes Schulprogramm. Außer dem Hauptschulabschluß und der Mittleren Reife können auf dem Wege des zweiten Bildungswegs die Fachhochschulreife und das Abitur erworben werden. Gleichzeitig ist die Kreisvolkshochschule Studienzentrum der Fachhochschule für Berufstätige, an der in Zusammenarbeit mit der Akademikergesellschaft in Stuttgart (AKAD) auf die Fachhochschulstudiengänge Betriebswirtschaft, Diplom-Wirtschaftsinformatik und Wirtschaftsingenieurwesen vorbereitet wird. Einen der Schwerpunkte des Volkshochschulprogrammes bildet die berufliche Weiterbildung mit einer Reihe von berufsqualifizierenden Lehrgängen, die mit IHK-Abschlüssen enden.

In Schifferstadt unterhält die VHS des Landkreises Ludwigshafen ein *Berufsbildungszentrum*.
In Lehrgängen, die in Zusammenarbeit mit der Arbeitsverwaltung Ludwigshafen durchgeführt werden, werden erwerbslose Jugendliche auf die Arbeitswelt vorbereitet. Dabei werden Kenntnisse und Fertigkeiten in Gebieten wie Metall, Holz und ähnlichem vermittelt; aber auch auf gärtnerischem und landschaftspflegendem Sektor werden junge, schwer vermittelbare Menschen auf Arbeitsmöglichkeiten, deren Bedeutung ständig zunimmt, vorbereitet. Das gleiche Motiv steht hinter dem Angebot für Frauen, die nach der Familienpause auf eine Rückkehr in das – inzwischen weiterentwickelte – Berufsleben im Büro vorbereitet werden.

Gleichzeitig nimmt die KVHS die Aufgaben eines *„Kreiskulturamtes"* wahr: In den Gemeinden werden Konzerte, Dichterlesungen und Kunstausstellungen veranstaltet. Sie sind Forum sowohl für etablierte und anerkannte Künstler und Autoren, aber auch Plattform für junge, noch weniger bekannte Kunstschaffende.

Zu einem Mekka für Hobbykünstler haben sich die beiden *Malschulen* der KVHS entwickelt. 1977 eröffnete die KVHS-Malschule in Harthausen ihren Betrieb mit ersten Kursen und Seminaren. Bereits ein Jahr später war die Einrichtung einer zweiten Malschule in Fußgönheim erforderlich, die bald danach nach Lambsheim verlegt wurde.

Die Veranstaltungen werden von erfahrenen Kunsterziehern und bekannten Pfälzer Künstlern geleitet. Träger zahlreicher Kunstpreise wie Werner Brand, Arnold Wühl, gehören ebenso zum Dozentenstab wie die weit über pfälzische Grenzen hinaus bekannte Neustadter Künstlerin Christel Abresch. Einige hundert an Kunst Interessierte dürften es sein, die in den 12 Jahren des Bestehens der Kreismalschule hier ihr malerisches Rüstzeug

Die Kreismusikschule spielt im kulturellen Leben der Region eine bedeutende Rolle.

erhielten und zu einem sinnvollen Hobby gekommen sind.

Eine ähnliche Stellung wie die KVHS unter den Volkshochschulen nimmt die *Kreismusikschule* unter den Musikschulen des Landes ein. Sie gehört mit über 1200 Schülern, die von 10 hauptamtlichen und ca. 40 nebenamtlichen Lehrkräften unterrichtet werden, zu den renommiertesten im Lande Rheinland-Pfalz.

1971 ins Leben gerufen, hat sich die Kreismusikschule schnell zu einem Faktor entwickelt, der aus dem kulturellen Leben des Landkreises nicht mehr wegzudenken ist. Neben der Musikalischen Früherziehung, die vorschulpflichtige Kinder in behutsamer, spielerischer Weise zur Musik führt, der Grundausbildung zwischen 6 und 8 Jahren, bildet der Instrumentalunterricht den eigentlichen Arbeitsschwerpunkt. Gelehrt und meist auch mit viel Eifer gelernt werden sämtliche Orchesterinstrumente, wie Streich-, alle Holz- und Blechblasinstrumente, aber auch die Tasten-, Zupf- und Rhythmusinstrumente. Ein großer Bestand an schuleigenen Instrumenten steht den Schülern und Schülerinnen gegen eine kleine Leihgebühr zur Verfügung, um ihnen den Einstieg in den gewünschten Instrumentalunterricht zu erleichtern. Viele beim Wettbewerb „Jugend musiziert" errungene Preise sind der äußere Beweis für die geleistete Arbeit.

Großer Wert wird bei der Kreismusikschule auf das Zusammenspiel in Gruppen, Orchestern, Spielkreisen u. ä. gelegt. So bestehen in den verschiedenen Hauptfächergruppen Kammermusikgruppen und Spielensembles, die bei den mannigfaltigsten Anlässen immer wieder ihr Können öffentlich zeigen, bei Schülervorspielen, bei Einweihungen von Gebäuden, bei der Eröffnung von Kunstausstellungen, bei Kreisempfängen, bei Gemeindeveranstaltungen und vielem mehr. Die Big-Band (zusammen mit der Musikschule der Stadt Frankenthal), das Jugendstreichorchester, das Jugendblasorchester und das 1985 ins Leben gerufene Sinfonieorchester, in dem neben Schülern der Kreismusikschule jeder interessierte Instrumentalist, der Lust am Zusammenspiel in einem Orchester hat, mitwirken kann, haben allein oder zusammen mit Chören und Musikvereinen aus den Gemeinden schon viele schöne Konzerte gegeben.

Zusammen mit der Verbandsgemeinde Dannstadt-Schauernheim wurde vor einigen Jahren auf der „Dannstadter Höhe" ein Kinder- und Jugendchor gegründet, der sich großer Beliebtheit erfreut.

Große Resonanz erleben auch die *Bläserserenaden* auf der Schloßterrasse Fußgönheim und im Schloß Kleinniedesheim.

Den größten Zuspruch aller Gruppierungen – von der Teilnehmer – wie von der Besucherzahl bei Veranstaltungen her gesehen – erfährt der „Fußgönheimer Spielkreis". In ihm musizieren, singen, spielen und tanzen ca. 80 Kinder und Jugendliche zwischen 6 und 20 Jahren; sie führen Konzerte, Theaterspiele und musikalische Märchen auf, eingeübt in ganztägigen Proben an den schulfreien Samstagen oder in der alljährlichen Herbstferien-Freizeit in einer Jugendherberge. Der „Fußgönheimer Spielkreis" – eine durch die Vielfalt der Darstellungsweisen, seine große Altersspanne, vor allem aber auch durch seinen Zusammenhalt und seinen Gemeinsinn sicherlich einzigartige Gruppierung.

Gut gestaltet sich auch die Zusammenarbeit der Kreismusikschule mit den Chören und Musikvereinen der Gemeinden. Durch viele gemeinsam durchgeführte Konzerte, aber auch durch die in Zusammenarbeit mit dem Kreismusikverband durchgeführten Bläserseminare wird das gemeinsame Anliegen, in der Gemeinschaft Musik zu gestalten, zu erleben und darzustellen, auch nach außen hin immer wieder dokumentiert.

Kochkurse gehören seit Jahren zum Programm der Kreisvolkshochschule, während der Vorlesewettbewerb für Schüler seit 1978 mit großer Resonanz durchgeführt wird.

DER MENSCH LEBT NICHT VOM BROT ALLEIN
KULTURELLES LEBEN

Kulturelles Leben einer Region spiegelt sich vor allem auch im Leben der Vereine. Und an rührigen Vereinen mangelt es den Gemeinden des Landkreises wirklich nicht.

Da sind die zahlreichen Musik- und Gesangsvereinigungen zu nennen, die sich der Pflege der Musik verschrieben haben und die in ihren Bemühungen von der Kreismusikschule in vielfältiger Weise unterstützt werden: Durch die gezielte Ausbildung von Musikern und Dirigenten etwa, aber auch durch die Gewährung von Zuschüssen für Investitionen und Jugendarbeit der Vereine.

Stark „im Kommen" sind aber auch die Heimat- und Kulturvereine, die fast wie Pilze aus dem Boden sprießen. Die Pflege der Heimat, ihrer Geschichte, ihres Brauchtums gehören zu den selbstgewählten Aufgaben ebenso wie die Einrichtung und die Betreuung lokaler Heimatmuseen, die sich mit besonderen Aktivitäten zum Teil schon einen überregionalen Namen gemacht haben.

Daneben gibt es die mannigfaltigen Bemühungen des Landkreises, heimische Kunst und Künstler, aber auch Pfälzer Literatur zu fördern.
So haben in der KVHS-Galerie der Volkshochschule einheimische Künstler die Möglichkeit, in, mit den Kreisgemeinden zusammen, organisierten Ausstellungen ihre Arbeiten einer breiteren Öffentlichkeit vorzustellen. Besonders das Schloß in Kleinniedesheim, mit Geldern des Landes, des Kreises und der Gemeinde restauriert, hat sich als Veranstaltungsstätte im gesamten Rhein-Neckarraum bewährt.

Als wohl einzige Kreisverwaltung weit und breit besitzt die des Kreises Ludwigshafen eine eigene Galerie: In einem repräsentativen Raum im Untergeschoß der Kreisverwaltung ist ein beträchtlicher Teil des künstlerischen Nachlasses des im November 1987 verstorbenen Neuhofener Künstlers Otto Ditscher untergebracht.

Nach Otto Ditscher, einem der bedeutendsten Pfälzer Maler, ist auch der Kunstpreis des Landkreises Ludwigshafen benannt. Der Otto-Ditscher-Preis wird seit 1978 alle zwei Jahre im Wechsel für Malerei, Grafik und Plastik vergeben und ist mit 10 000 DM dotiert. Um den bundesweit ausgeschriebenen Preis bewerben sich jeweils zwischen 120 und 200 Künstler aus allen Regionen der Bundesrepublik. Bereits zweimal entschied sich die aus Fachleuten und Kommunalpolitikern zusammengesetzte Jury für Künstler aus dem Landkreis: 1980 erhielt der Neuhofener Jürgen Braun die Auszeichnung für seine Grafik „Collage", 1984 wurde Günther Berlejung aus Fußgönheim für sein malerisches Werk ausgezeichnet.

Die Preisträger:

1978 Malerei, Werner Holz, Frankenthal
1980 Grafik, Jürgen Braun, Neuhofen
1982 Plastik, Wanda Pratschke, Frankfurt
1984 Malerei, Günther Berlejung, Fußgönheim
1986 Grafik, Thomas Maier-Castel, Bexbach/Saar
1988 Plastik, Arnold Wühl, Speyer
Eine Erweiterung erfährt der Otto-Ditscher-Preis im Jahre 1990, wenn erstmals ein Komponistenwettbewerb ausgeschrieben wird.

Die Pflege der pfälzischen Literatur geschieht u.a. in der Verpflichtung junger Autoren zu Lesungen und Dichterabenden. Für viele ist es der erste Schritt in die Öffentlichkeit, für einige, wie die Dudenhofener Schriftstellerin Monika Beckerle, das Sprungbrett zu einem größeren Bekanntheitsgrad, der sich dann in Publikationen bei namhaften deutschen Verlagen dokumentiert.

Anfang der 80er Jahre erschienen in der KVHS-Edition zwei Anthologien mit Beiträgen von „18" und „17 Autoren", die auch bei der Volkshochschule des Landkreises gelesen haben. Im gleichen „Verlag" erschien auch „Der Gaukler Goggolori", ein von Monika Beckerle verfaßtes und dem Frankenthaler Künstler Werner Holz illustriertes Geschichtenbuch, das jugendlichen Lesern den Landkreis Ludwigshafen näher bringen soll.

Seit 1988 gibt es den Mundartwettbewerb „Dannstadter Höhe", veranstaltet von der Kreisvolkshochschule und der Verbandsgemeinde Dannstadt-Schauernheim. Alle, die sich der „Pälzer Sproch" verbunden fühlen, sind aufgerufen, sich mit Endreimgedichten bzw. Prosatexten am Wettbewerb zu beteiligen. Die feierliche Preisverleihung erfolgt in einer Festveranstaltung im Rahmen des „Dannstadter Radieselfestes", das jedes Jahr am zweiten Maiwochenende gefeiert wird.

Preisträgerin 1988 wurde die Bad Dürkheimer Mundartpoetin Waltraud Meißner. 1989 gab es gleich zwei Preisträger: Für das beste Gedicht wurde Werner Wühl aus Kandel, für den gelungensten Prosatext der Rödersheimer Toni Ostermayer ausgezeichnet.

Ab 1990 wird zusätzlich ein Sonderpreis des Heimat- und Kulturkrei-

Otto Ditscher: Die Badenden.
Ölgemälde im Besitz der Kreisverwaltung Ludwigshafen.

ses vergeben für den Textbeitrag, der sich in besonderer Weise mit der Dannstadter Höhe befaßt.

Der Leseförderung dient ein Wettbewerb, den der Landkreis Ludwigshafen seit mehr als 10 Jahren für alle Schüler aller Jahrgangsstufen durchführt. Im Gegensatz zum Lesewettbewerb des Deutschen Börsenvereins, der sich nur an die Schüler der 6. Klassen wendet, ermitteln die Schüler aller Klassenstufen in mehreren Ausscheidungen die Jahrgangsbesten, die mit Buchpreisen vom Landrat ausgezeichnet werden.

Beliebt bei Schülern und Lehrern ist die Reihe „Autoren lesen vor Schülern". Jeweils im Sommer- und Wintersemester bereisen von der Volkshochschule verpflichtete Kinder- und Jugendbuchautoren die Schulen im Landkreis. Sie lesen aus ihren Büchern, diskutieren mit den Jugendlichen und stehen ihnen Rede und Antwort.

Bildende Künstler

Es bereitet nicht geringe Schwierigkeiten, die bildenden Künstler des Landkreises Ludwigshafen in einem Überblick vorzustellen. Die 22 Kunstschaffenden des 19. und 20. Jahrhunderts bis zur Gegenwart lassen sich nur dahingehend auf einen kleinsten gemeinsamen Nenner bringen, daß sie innerhalb der Grenzen des derzeitigen Landkreises Ludwigshafen einen beträchtlichen Teil ihres künstlerischen Werkes schaffen beziehungsweise geschaffen haben oder innerhalb derer geboren worden sind. Dieser Umstand läßt den Individualismus jedes einzelnen Künstlers in seinen formalen und stilistischen Ausdrucks- und Gestaltungsmöglichkeiten deutlich werden. Hier offenbaren sich große Gegensätze und spannungsvolle Auseinandersetzungen. Verbindliche Aussagen zu den einzelnen Künstlern lassen sich nur mit großen Vorbehalten machen. Als Schwierigkeit stellt sich die exakte Umschreibung des Kreisgebietes dar. Wie kein zweiter Bezirk in der näheren Umgebung war der Landkreis Ludwigshafen von territorialen Veränderungen geprägt. Einerseits hat sich die expandierende Großstadt Ludwigshafen zahlreiche einst selbständige Orte im einstigen „Kanton" Mutterstadt einverleibt, andererseits wurden dem Kreisgebiet aus den ehemaligen Kreisen Speyer und Frankenthal Ortschaften bei der letzten großen Verwaltungsreform 1969 hinzugefügt, die keinerlei Bezug zu dieser neu gebildeten Verwaltungseinheit in der Vergangenheit hatten. So konnte sich auch keine künstlerische Handschrift, die für diese Region typisch wäre, bilden. Eine für sie charakteristische Kunstäußerung läßt sich nicht feststellen. Nicht einmal durchgängige Motive bei den einzelnen Künstlern können aufgezeigt werden. Darüber hinaus sind viele Künstler, die zum künstlerischen Umfeld der Stadt Speyer, als Mitglieder des Speyerer Künstlerbundes zum Beispiel, zählen, mehr in der Stadt Speyer als im Kreisgebiet verwurzelt. Außerdem befruchten auch die Kunsterzieher der Schulen durch ihre Lehrtätigkeit und ihr Engagement die regionale Kunstszene, ohne daß sie deswegen alle innerhalb des Landkreises künstlerisch wirkten.

Will man die namhaften Malergruppieren, bietet sich eine Einteilung nach Generationen an. Innerhalb des 19. Jahrhunderts steht Eduard von Heuß (geb.1808) den Nazarenern nahe. Impressionistischer Landschaftsmalerei der ersten Hälfte des 20. Jahrhunderts ist Fritz Schwab (geb. 1887) verpflichtet. Als konservativer Portraitist und Genremaler gilt Rudolf Gerhard Zill (geb.1913). Den Weg zur abstrakten Malerei fanden Alo Altripp (geb.1906) und Otto Ditscher (geb.1903). Zu den expressiven Realisten zählen Karl Hufnagel (geb.1907), Theo Gems und Theo Ofer (geb.1926). Als Heckel-Schülerin an der Karlsruher Akademie nimmt Elisabeth Mack-Usselmann (geb.1927) eine Sonderstellung ein, ebenso wie Helmuth Bayer (geb.1926), dessen Menschenbild existentialistische Züge trägt. Günther Berlejung (geb.1949), Jürgen Braun (geb.1947), Bernd Koblischeck (geb.1957) und Paul Schandin (geb.1950) greifen Anregungen der italienischen Renaissance, vor allem die Neugierde der Augen auf, mit denen eine Verwandlung ihrer Motivwelt vorgenommen wird. Elmar Worgull (geb.1949) nennt seine Malerei „Interrealismus". Seine künstlerische Position hat er als ein Schweben zwischen den Realitäten bestimmt. Im Gegensatz dazu bezieht Brunhilde Margane-Reichel (geb.1939) informelle Botschaften in ihre diaphanen Farbakkorde ein, so daß ihre Bilder den Übergang von Abstraktion zur Figuration aufzeigen. Jochen Frisch (geb.1958) sucht technische Objekte zu einer neuen Erscheinung zu verwandeln, die anthropomorphe Züge trägt.

Bei den Bildhauern, die im Landkreis wirken bzw. gewirkt haben, vollzog Theobald Hauck (geb. 1902) einen bemerkenswerten Stilwandel,

Gernot Rumpf:
Die Taten des Herakles.
Plastik beim Schulzentrum
in Schifferstadt.

der von der Figuration bis zum abstrakt komponierten Raumzeichen führte. Werner Schreiner (geb. 1927) war in seinem Schaffen religiösen Themen verpflichtet, wobei blockmäßige Expression und theatralische Gestik einander durchdringen. Arnold Wühl (geb. 1946) beschäftigt sich mit der Gestalt des Torso und den Inszenierungen von Figurengruppen als künstlerische Reflexion einer Auseinandersetzung von Individuum und Masse.

Kurzbiografien bedeutender Altmeister aus dem Landkreis

EDUARD VON HEUSS wurde am 5. Juli 1808 in Oggersheim, das damals zum Landkreis Ludwigshafen gehörte, geboren. Er entstammte einer bayerischen Beamtenfamilie. Zunächst studierte er bis 1829 Medizin an der Münchener Universität. Im Zusammenhang mit diesem Studium entstanden anatomische Studienblätter. Nach seinem Examen schwankte Heuß zwischen Medizin und Malerei. Als er den Auftrag für ein großformatiges Portrait des damaligen bayerischen Ministers Montgelas erhalten hatte, das die besondere Anerkennung des Großherzogs Ludwig II. von Hessen erfuhr, entschied er sich für die Malerei. Der Großherzog verschaffte ihm ein Romstipendium. Dort lebte Heuß zwischen 1831 und 1835. Er schloß sich damals dem Nazarenerkreis an. Nach einer Englandreise folgte 1837 ein zweiter Aufenthalt in Rom. Heuß malte in Italien hauptsächlich mythologische Themen, nach 1848 bevorzugte er die religiöse Tafelmalerei. Besonderen Erfolg hatte er mit einem großen Altarblatt für Sâcre-Cœur in Paris. Geschätzt war Heuß zeit seines Lebens als Portraitmaler. Aufträge führten ihn quer durch Europa und brachten ihn in Verbindung mit den maßgeblichen Gesellschaftsschichten des 19. Jahrhunderts. 1846 – 1848 lebte er in Paris, 1865 bis 1871 wohnte er in München. Dazwischen hielt er sich immer wieder in Mainz auf, wo er am 24. Oktober 1880 gestorben ist.

FRITZ SCHWAB wurde am 27. November 1887 in Schifferstadt geboren. Er lernte zunächst im Atelier des Ludwigshafener Steinmetzen Peter Gelbert und ging dann nach München. Dort besuchte er allerdings nicht die Akademie der Bildenden Künste, sondern sammelte Erfahrungen in mehreren Ateliers. Aus der Münchener Zeit stammt das Gemälde „Rheinübersetzung", als Schwab in den Bannkreis der in München gepflegten „Neuen Sachlichkeit" geraten war. Nachdem er sich 1929 ein kleines Atelierhaus an der Iggelheimer Straße in Speyer errichtet hatte, wandte er sich mehr und mehr impressionistischer Landschaftsmalerei zu. Hochbetagt ist der Maler am 9. September 1974 in Speyer verstorben.

ALO ALTRIPP hat sich als Pseudonym den Namen seines Geburtsortes zugelegt. Geboren wurde er als Friedrich Schlüssel am 25. September 1906 in Altrip. Altripp fühlt sich als Rheinhesse. Seine Eltern stammen aus Mainz und die Jugendjahre verbrachte er in Wiesbaden, wo er noch heute lebt und arbeitet. Der Rhein-Main-Raum prägte auch seine künstlerische Entwicklung. 1920 bis 1924 besuchte er die Kunstgewerbeschule in Mainz. 1924/25 schloß sich die Meisterschule für das Malerhandwerk in München an. 1925/26 weilte er an der Akademie für Kunst und Gewerbe in Dresden. Hier betrieb er ein sorgfältiges Natur-, Objekt- und Aktstudium. Damals entstanden Bilder, die man pauschal der großen Richtung der „Neuen Sachlichkeit" zuordnen möchte. Alo Altripp war 1933 bei einer Ausstellung im Folkwang-Museum in Essen vertreten, die in den Umbruch durch die Machtübernahme der Nationalsozialisten geriet und von den neuen Machthabern als frühe kulturpolitische Maßnahme geschlossen wurde. Wie viele Künstler jener Jahre wurde auch Altripp in seiner Arbeit behindert und ging in die innere Emigration. Prägend für Altripp war die Verbundenheit mit dem in Wiesbaden lebenden russischen Maler Alexej Jawlensky. Altripp kommt in jenen Jahren zur gegenstandslosen Malerei, weil die Überwindung des Materiellen zum Spirituellen hin folgerichtig die Überwindung des Gegenständlichen nach sich zieht.
Seine Gedanken nehmen im Zeichen Gestalt an. Die Farben, die Altripp verwendet, erzielen eine Symbolbedeutung, die individuell und zugleich überzeitlich erfahren erscheint. Im Blau entfaltet sich die Ferne des Kosmos, im Rot erglüht die Flamme, Weiß steht für Licht, Schwarz für Finsternis. Farben und Nichtfarben führen zur Entmaterialisierung des Bildes. Es wird verständlich, daß solche Arbeiten keine bloßen Kompositionen sein können, weil sie Zeichen des Geistigen geworden sind. Werner Haftmann hat diese Malerei einmal als „meditatives Verfahren" angesprochen.

OTTO DITSCHER wurde am 29. Oktober 1903 in Neuhofen als

Sagenbrunnen von Reinhard Ader in Schauernheim.

Plastik von Theobald Hauck
vor der Verbandsgemeinde-
verwaltung in Maxdorf,
die drei Ortsgemeinden
symbolisierend.

Arnold Wühls preisgekrönte Arbeit beim Wettbewerb „Plastik" 1988.

Sohn eines Zigarrenmachers geboren. 1917 wurde er als Lehrling in die Malerfirma Schifferdecker nach Ludwigshafen geschickt und erhielt private Malstunden bei Heinz Schifferdecker. Von 1922 bis 1925 studierte er an der Akademie der Bildenden Künste in München bei Mayrshofer, Schinnerer und Doerner. 1927-1929 weilte Ditscher an der Landeskunstschule Karlsruhe bei Babberger und Hubbuch. Seit 1930 war Ditscher als freischaffender Maler und Graphiker tätig. Zwischen 1931 und 1934 verdiente er seinen Unterhalt als Plakatmaler im UFA-Kino in Ludwigshafen. 1937 zog er in ein eigenes Haus in Neuhofen ein. Aus gegensätzlichen Grundvorstellungen, der Intensivierung des Inhaltlichen im Sinne einer expressiven Kunst einerseits und der Befreiung und Steigerung des Selbstwertes der Farbe andererseits, führt die Stilentwicklung Ditschers nach 1950 konsequent zur gegenstandslosen Malerei. Sein Material werden Farben und Formelemente, die er einander zuordnet und komponiert. Bevorzugter Farbton Ditschers wird zunehmend Blau, das für ihn als Farbe der Ratio und der Kühle steht und zugleich den Weg nach Innen weist. 1987 ist Otto Ditscher verstorben. Zwei Stiftungen im Landkreis Ludwigshafen vermitteln einen Überblick über die Schaffensphasen des Künstlers, eine in seiner Heimatgemeinde Neuhofen, die andere im Kreishaus Ludwigshafen, so daß das Werk Ditschers gegenwärtig bleibt.

THEOBALD HAUCK wurde am 16. März 1902 in Maxdorf geboren. Nach dem bis 1919 währenden Besuch der Oberrealschule Ludwigshafen absolvierte er von 1919 bis 1921 die Kunstakademie Karlsruhe in der Klasse von Wilhelm Gerstel. 1922 schloß sich die Kunsthochschule Berlin an. Bereits ein Jahr später wechselte Hauck an die Akademie der Bildenden Künste nach München zu Hermann Hahn. 1934 baute er sein Atelier in Maxdorf. Nach Kriegsdienst und -gefangenschaft kehrte er 1947 in seine Heimat zurück. Vor dem Zweiten Weltkrieg gestaltete Hauck zahlreiche Kriegerdenkmäler in der Pfalz. Nach 1947 reduzierte er seine Formen mehr und mehr auf geschlossene Grundstrukturen hin, die er immer fortschreitend von realistischen Details befreite und doch die dahinter stehende menschliche Figur gestaltete. Reine Abstraktionen als organische Formen und komplizierte scheinbar technoide Gitterwerke blieben in seinem Gesamtwerk wesentliche Episoden. Am 6. Dezember 1980 ist Theobald Hauck verstorben.

KARL HUFNAGEL ist am 15. September 1906 in Harthausen zur Welt gekommen und dort aufgewachsen. Nach dem Abitur am Humanistischen Gymnasium in Speyer nahm er das Studium an der Akademie der Bildenden Künste in München bei Adolf Schinnerer und an der Technischen Hochschule bei Karl Knappe auf. In Danzig ging er zu Fritz Pfuhle. Bei diesem Lehrer dürfte die bei Hufnagel spürbare Ausrichtung auf das Menschenbild als Sinnbild einer zeitlosklassischen Lebensbestimmung erfolgt sein. Als Soldat in den Jahren 1941 bis 1943 in Norwegen stationiert, hielt er zahlreiche Eindrücke von diesem Land fest. Dieser ersten unfreiwilligen Reise folgten zahlreiche weitere, die Karl Hufnagel zum Pfälzer Maler unter fremden Himmeln werden ließen, dem die Türme von Benares, die Pagoden Chinas, die Kathedrale von Tournus oder der Bosporus vertraut geworden sind. Darüber hinaus führte ihn seine Tätigkeit als Kunsterzieher in Kusel und dann in Speyer immer wieder zu geschärften Auseinandersetzungen mit der jeweils aktuellen Kunstszene, die sich auch in seinem Œuvre niedergeschlagen haben.

HELMUTH BAYER hat nur ein schmales Werk hinterlassen. Er kam am 15. März 1926 in Otterstadt als Sohn eines Steinmetzen zur Welt. Nach dem Besuch der Volksschule lernte er das Malerhandwerk und belegte zwischen 1940 und 1944 Abendkurse an der Freien Akademie Mannheim. 1944 wurde Bayer zum Kriegsdienst eingezogen. 1948 kehrte er aus englischer Kriegsgefangenschaft zurück und nahm das unterbrochene Studium in Mannheim wieder auf. 1953 legte er an der Meisterschule in Kaiserslautern die Meisterprüfung ab. Von 1953 bis 1959 studierte er an der Akademie der Bildenden Künste in München. Zum Lehrer hatte er sich Hermann Kaspar gewählt. 1960 erhielt er ein Stipendium für einen einjährigen Studienaufenthalt in der Villa Massimo in Rom. Den Pfalzpreis erhielt er jedoch nicht. In seinem damaligen Schaffen stand das Portrait im Mittelpunkt. Außerdem finden sich zahlreiche Aktstudien und Zeichnungen. Nebenher beschäftigte er sich seit 1959 mit Kleinplastik. Von 1968 bis zu seinem frühen Tod 1982 war Helmuth Bayer Kunsterzieher am Wilhelm-Erb-Gymnasium in Winnweiler. Sein eigenes Schaffen hatte er zugunsten der Heranbildung und Heranführung der Jugend an die Kunst zurückgestellt. Als er 1980 einen neuen Impuls für eigene Kreationen erfuhr, wandte er sich ausschließlich der Figur zu. Sein Hauptwerk befindet sich im Besitz des Landkreises: Das monumentale Triptychon „Justitia et Caritas", eine Arbeit, deren Darstellung mehrschichtige Bedeutungsebenen aufweist. Bayer will das Aufrichten des Menschen am Maßstab der Gerechtigkeit und Liebe demonstrieren.

WERNER SCHREINER wurde nur 33 Jahre alt. Am 25. März 1927 ist er in Ludwigshafen geboren und verbrachte seine Kindheit in Harthausen. Von 1947 bis 1949 besuchte er die Meisterschule für Kunsthandwerker in Kaiserslautern, die er mit der Prüfung als Steinbildhauer abschloß. Zwei Jahre übte er seinen handwerklichen Beruf aus, ehe er 1952 an der Akademie der Bildenden Künste in München in die Bildhauerklasse von Professor Joseph Henselmann aufgenommen wurde. 1956 war er Meisterschüler mit einem eigenen Atelier im Untergeschoß der Akademie. Er führte zu diesem Zeitpunkt erste größere Aufträge aus und hatte einige Wettbewerbserfolge zu verzeichnen. 1956 erhielt er den Pfalzpreis für Plastik. Von 1957 bis zu seinem frühen Tod 1960 arbeitete er bei seinen Eltern in Harthausen. Schreiner hatte sein Studium zu einer Zeit vollendet, als im Bistum Speyer gerade viele Kirchenneubauten geplant und errichtet worden waren, so daß ihn viel Arbeit erwartete. Nicht nur die Kirchenausstattungen für Neustadt St. Pius und Kaiserslautern St. Norbert entstanden; auch die monumentale Figur des Papstes Pius X. in der katholischen Kirche Kandel und die Reliefwand „Christus und die sieben Engel der Gemeinden" in der Kirche des Priesterseminars St. German in Speyer hat er geschaffen. Für Schreiner ist charakteristisch, daß er sich mit jedem gestellten Thema theologisch auseinandersetzte und seine ikonographischen Lösungen zum Teil aus traditionellen Vorstellungen neu verwirklichte. Seine Arbeiten sind von dem hohen ethischen Anspruch geprägt, aus einem von der scholastischen Philosophie geprägten christlichen Weltbild heraus, die geistige Ordnung als Prinzip auch in das Formale der künstlerischen Arbeit hineinzunehmen.

Brunnenplastik von Gernot Rumpf beim Hallenbad in Schifferstadt.

IMMER MEHR BÜCHERFREUNDE
KOMMUNALES BIBLIOTHEKSWESEN

Wird im Bibliothekswesen von Rheinland-Pfalz häufig von einem deutlichen Süd-Nord-Gefälle gesprochen, so hat daran der Kreis Ludwigshafen – und dies nicht erst seit kurzem – einen wesentlichen Anteil, haben doch einige der Büchereien im Kreis einen Standard erreicht, der als beispielgebend im Lande angesehen werden darf. Insgesamt unterhalten die 25 Gemeinden und Ortsgemeinden sowie die Stadt Schifferstadt 18 Büchereien. Die kleinste Ortsgemeinde im Kreis mit kommunaler öffentlicher Bücherei ist Großniedesheim, die größte Schifferstadt.

In nahezu allen Städten und Gemeinden gibt es außerdem Büchereien der katholischen und der protestantischen Kirche. Erwähnt werden soll auch, daß in dieser Region die gut ausgebauten Bibliotheken der kreisfreien Städte Frankenthal, Ludwigshafen und Speyer interessierten Lesern weiterführende Literatur bieten. Selbst die Zentralen Schulbibliotheken in den Gymnasien haben in den letzten Jahren teilweise einen sehr erfreulichen Aufschwung genommen. Den Bedarf an wissenschaftlicher Literatur deckt hier im Südwesten die Pfälzische Landesbibliothek in Speyer.

Leider finden sich infolge der Kriegswirren zur Geschichte des Bibliothekswesens der Vorderpfalz nur wenige aussagekräftige Quellen und Statistiken. Doch sicher ist: Die ersten Büchereigründungen im heutigen Kreis Ludwigshafen reichen vor das Jahr 1921 zurück, jenes Jahr also, in dem in Speyer und Kaiserslautern auf Initiative des „Pfälzischen Verbandes für freie Volksbildung" Volksbücherei-Beratungsstellen gegründet wurden. Sie hatten die Aufgabe, die Gemeinden bei der Einrichtung von Büchereien zu beraten und den systematischen Aufbau eines Bibliotheksnetzes in der Pfalz voranzutreiben. Aus der Region Ludwigshafen/Frankenthal sind aus dem Jahr 1927 insgesamt 11 Gemeindebüchereien belegt, darunter in Böhl, Dannstadt, Mechtersheim, Oggersheim und Oppau. Für dasselbe Jahr war der Ausbau der Stadtbibliothek Ludwigshafen zu einer „Musterbibliothek" geplant. Über den Umfang der Buchbestände, über Leserzahlen und Ausleihhäufigkeit gibt es keine konkreten Zahlen. Aus der Westpfalz ist jedoch bekannt, daß Orte mit rund 2000 Einwohnern zu dieser Zeit ca. 500 Bände besaßen und im Jahr 600 Entleihungen erzielten.

Bescheidene Zahlen dies, vergleicht man sie mit dem Buchbestand und den Ausleihergebnissen der vergangenen Jahre. Im Rahmen der geschichtlichen Entwicklung des ländlichen Büchereiwesens haben sie jedoch Gewicht.

Ende des 18. Jahrhunderts machten sich u.a. Pädagogen und Geistliche Gedanken über den Bildungsnotstand der Bauern und Landarbeiter. Die Bemühungen um die Verbesserung der mißlichen Situation reichten von der Veränderung des Schulwesens bis zur Gründung kleinerer Büchereien. Diese „Lesebibliotheken für den Landmann" waren zunächst ganz auf die fachliche Ausbildung der Bauern ausgerichtet. Die angebotene Literatur sollte ein Gegengewicht bilden zu den „Calendern, Chroniken, Mordgeschichten etc., die oft nur aus Mangel an einem zweckmäßigen landwirtschaftlichen Buch gelesen werden" (Handbuch des Bibliothekswesens, 2.Halbband, Seite 329 ff.). In diesem Zusammenhang tauchte schon damals der Gedanke einer „Wandernden Leseanstalt" auf, eine Art Vorläufer der heutigen Wander- oder Fahrbüchereien, die aus der Literaturversorgung dünn besiedelter Landkreise nicht mehr wegzudenken sind.

Bald aber zeichnete sich eine Situation ab, die heute noch im Büchereiwesen häufig anzutreffen ist: „Man habe nicht genug Bücher gehabt und die Landleute hatten nach Büchern gefragt, von denen man geglaubt hat, daß sie nicht wissen konnten, welche Gegenstände sie behandelten" (s.o.). Alle Anstrengungen und aller guter Wille waren schließlich umsonst: Zu geringe Mittel, ungenügende Zielsetzung der Träger, das Fehlen zentraler fachlicher Beratung und planloses Arbeiten in Isolierung machten sich bemerkbar. Die Büchereien mußten geschlossen werden.

Ein neuer Aufschwung setzte ein, als in den 70er Jahren des 19. Jahrhunderts von seiten der sächsischen Regierung für die Gründung von Büchereien erstmals Mittel bereitgestellt wurden. Schon zu Anfang dieses Jahrhunderts forderten Fachleute staatliche Förderung und „Selbsthilfe der kommunalen Verbände", Zusammenschlüsse von Büchereien zu Büchereiverbänden und die Einrichtung von Kreisbüchereien. Der Gewinnung von Lesern im ländlichen Bereich wurde dabei besonderes Augenmerk geschenkt. Großzügig gestaltete Büchereiräume, Gebührenfreiheit, einheitliche statistische Erhebungen und verstärkte Werbemaßnahmen waren weitere Forderungen. Betrachtet man die Entwicklung des Büchereiwesens in den vergangenen Jahrzehnten, so zeigt sich, daß bis heute vielerorts nur ein Teil diese, vor allem für das ländliche Büchereiwesen Maßstäbe setzenden Vorstellungen verwirklicht werden konnte.

Nachdem 1945 das ländliche Büchereiwesen überall völlig zum Erliegen gekommen war, stellten bereits 1948 die ersten Gemeinden bei der Volksbücherei-Beratungsstelle einen Antrag auf Wiederaufnahme der Arbeit. Dazu gehörten Altrip, Böhl, Limburgerhof, Mutterstadt und Neuhofen. Im Zusammenhang damit bekundeten die Verantwortlichen ihr Interesse an ansprechend ausgestatteten Büchereiräumen, obwohl kleine Gemeindebüchereien zu dieser Zeit noch nahezu ausnahmslos in Mehrzweckräumen untergebracht waren.

In diese Jahre des Wiederbeginns fiel auch eine grundlegende Veränderung in der Bestandspräsentation der Büchereien: Die Umstellung von der Buchausleihe über die Theke hin zur Freihandbücherei, in der sich jeder seinen Lesestoff am Regal selbst aussuchen kann, erwies sich als Meilenstein auf dem Weg zum Büchereiwesen unserer Tage. Lag in diesen Jahren nach dem Kriege der Schwerpunkt der Buchbestände noch bei Unterhaltungsliteratur und Heimatbüchern, so zeichnete sich auch auf diesem Sektor eine Wende ab. Den Leserwünschen und den gestiegenen Anforderungen entsprechend, verschob sich das Buchangebot ganz deutlich zugunsten von Kinder- und Jugendliteratur für jede Altersstufe sowie von Sachbüchern.

Die Volksbücherei, der „kommunale Bücherschrank" alter Prägung, entwickelte sich immer mehr zu einer zentralen kommunalen Kultureinrichtung, die dem Leser durch ihr breitgefächertes Programm vielfache Informationen, Kommunikationsmöglichkeiten und Hilfen zur Gestaltung der Freizeit anbieten kann. In den Beständen gut ausgestatteter Öffentlicher Bibliotheken finden sich heute neben Büchern auch Zeitungen und Zeitschriften und – in begrenzter Anzahl – Spiele und Tonträger, wodurch völlig neue Leserkreise gewonnen werden. Das Medienangebot der Büchereien ergänzen Autorenlesungen, Vortragsabende, Ausstellungen und andere Aktivitäten.

Wieder waren es die Bibliotheksträger und -leiter im Kreis Ludwigshafen, die rasch die neuen Ideen aufgriffen und in die Tat umsetzten. So konnten beispielsweise die Büchereien in Bobenheim-Roxheim, Limburgerhof, Maxdorf, Mutterstadt, Neuhofen, Beindersheim und Heßheim durch die Überführung in neue Räume, ansprechende Möblierung, Erhöhung des Buchetats und mit einer Vielzahl von Veranstaltungen Vorreiter dieser Entwicklung für ganz Rheinland-Pfalz werden. Auf dem Sektor Öffentlichkeitsarbeit haben sich die Büchereien von Bobenheim-Roxheim und Limburgerhof inzwischen sogar einen guten Namen darüber hinaus erworben.

Ein statistischer Vergleich zwischen den Jahren 1971 und 1988 macht diesen Aufschwung besonders augenfällig: 1971 standen in den 17 Büchereien der Gemeinden 49 571 Bände. Insgesamt wurden 58 266 Entleihungen erzielt. 1987 nunmehr ist der Buch- und Medienbestand auf 135.308 Bände gestiegen. Mit 299.415 Entleihungen im selben Jahr wurde ein bisher im Kreis einmaliges Ergebnis erzielt. Die Büchereien des Kreises stehen mit diesen Ausleihzahlen sogar an der Spitze im Regierungsbezirk. Und noch einen Rekord verzeichnet das Büchereiwesen: Im Regierungsbezirk Rheinhessen-Pfalz sind in Verbandsgemeinden und kreisangehörigen Städten 9 bibliothekarische Fachkräfte beschäftigt. Drei davon arbeiten im Kreis Ludwigshafen.

Dieses gute Gesamtergebnis ist sicher nicht zuletzt auf die finanzielle Förderung der Büchereien zurückzuführen: Die Buchetats wurden in den vergangenen Jahren immer wieder aufgestockt. Außerdem erhalten die Büchereien Zuschüsse des Kreises Ludwigshafen und des Landes Rheinland-Pfalz. So wurden 1988 pro Einwohner für den Buchkauf DM 2,73 ausgegeben, ein Betrag, der das Bibliothekswesen im Kreis wiederum als Spitzenreiter der Statistik ausweist.

Die jahrzehntelange Aufbauarbeit der Büchereiträger, die Fördermaßnahmen von Kreis und Land und nicht zuletzt die unermüdliche und ideenreiche Arbeit der Büchereileiter haben zu dieser positiven Entwicklung beigetragen. Dabei sei nicht vergessen, daß ehren- und nebenamtlich Tätige, die teilweise seit über 20 Jahren ihren Dienst versehen, wöchentlich mehrere Stunden ihrer Freizeit der Allgemeinheit zur Verfügung stellen.

Allerdings dürfen die genannten Zahlen, so eindrucksvoll sie z.T. und mancherorts auch sein mögen, nicht darüber hinwegtäuschen, welch grundlegende Aufbauarbeit auf dem Büchereisektor im Kreis noch zu leisten ist, sollen alle Öffentlichen Büchereien den geltenden Bibliotheksnormen angeglichen werden. Das Nahziel muß sein, mindestens zwei Bände pro Einwohner in jeder Bücherei anbieten zu können. Zum möglichst effektiven Einsatz der Mittel wird es vor allem nötig sein, Mehrjahrespläne für den Ausbau des Büchereiwesens zu erstellen. Mehr als bisher sollte die Zusammenarbeit der kommunalen Büchereien mit denen anderer Trägerschaft sowie mit anderen kulturellen Einrichtungen praktiziert werden. Und die Büchereien müssen noch attraktiver werden. Nur sach- und fachgerecht ausgestattete können ihren Aufgaben als Zentren der Information und Kommunikation gerecht werden. Wie die Beispiele zeigen, werden gute, lebendige Büchereien von den Bürgern angenommen und erweisen sich u.a. als wirksames Instrument der so häufig geforderten Leseförderung. Büchereien sind heute nötiger denn je. Im Kreis Ludwigshafen hat man dies erkannt.

GEBORGENHEIT FÜR JUNG UND ALT
SOZIALE EINRICHTUNGEN UND DIENSTE

Der Stadt-Umland-Charakter und die Geschichte des Landkreises Ludwigshafen prägen auch die Situation seiner sozialen Einrichtungen und Dienste. Zwar finden die Bürgerinnen und Bürger die wichtigsten sozialen Hilfen im Landkreis selbst vor, etliche Einrichtungen befinden sich aber auch in den angrenzenden kreisfreien Städten, unterstützt oder mitgetragen vom Landkreis.

In Schifferstadt und in Limburgerhof stehen den älteren Einwohnern zwei vom Caritasverband für die Diözese Speyer getragene Alteneinrichtungen zur Verfügung. Das Altenheim St. Matthias in Schifferstadt wurde schon 1968 erbaut und umfaßte damals Wohn-, Altenheim- und Altenpflegeplätze. Aufgrund der gestiegenen Anforderungen an die Wohnlichkeit und wegen des geänderten Bedarfs (es werden heute überwiegend Pflegeplätze benötigt), wurde das Heim von Anfang 1987 bis Mitte 1989 vollkommen umgebaut und modernisiert sowie durch einen Anbau erweitert. Nunmehr sind 110 Pflegeplätze vorhanden; davon sind 6 Plätze für Kurzzeitpflege vorgesehen, etwa wenn pflegende Angehörige einmal in Urlaub fahren wollen.

Das Altenzentrum St. Bonifatius in Limburgerhof öffnete Anfang 1984 seine Pforten. Es wurde ab August 1981 vom Landkreis Ludwigshafen erbaut und nach Fertigstellung dem Caritasverband übertragen, der es seither betreibt. Hier können 11 Wohn-, 25 Heim- und 85 Pflegeplätze belegt werden.

Die vorhandene Struktur der Alterspyramide der Einwohner des Landkreises läßt erkennen, daß für die kommenden Jahre noch mit einem weiteren Bedarf an Heim-, insbesondere an Pflegeplätzen zu rechnen ist. Die Errichtung weiterer Heime ist deshalb in den nächsten Jahren absehbar.

Die Sozialstationen bilden die allgemein hoch geschätzte und anerkannte Grundlage für die ambulanten Hilfen kranker, pflege- und sonst hilfsbedürftiger Bürger. Die vier ökumenischen Sozialstationen, die den ganzen Landkreis versorgen, mit Sitz in Lambsheim, Limburgerhof, Böhl-Iggelheim und Schifferstadt, werden jeweils als Verein getragen von den Kirchengemeinden, Krankenpflegevereinen, Elisabethenvereinen u.ä. ihres jeweiligen Einzugsgebiets. Die Sozialstation Böhl-Iggelheim, die schon am 01.03.1971 ihre segensreiche Arbeit aufnahm, war die erste überhaupt in Rheinland-Pfalz. Die vielfältigen Tätigkeiten der Mitarbeiterinnen der Sozialstationen erstrecken sich auf die häusliche Krankenpflege, die Alten- und die Familienpflege. Während bisher der Schwerpunkt der Arbeit eindeutig bei der Krankenpflege lag, nimmt inzwischen der Bedarf an sonstigen Hilfen für Menschen zu, die wegen ihres Alters, wegen Gebrechlichkeit oder Krankheit ihren Haushalt und/oder sich selbst nicht vollständig allein versorgen können, einen Heimplatz aber nicht in Anspruch nehmen, sondern weiterhin „zu Hause" wohnen bleiben wollen.

Für solch hilfebedürftige Menschen bieten inzwischen auch die Wohlfahrtsverbände, die Kirchen, aber auch einzelne Gemeinden vielfältige Hilfen an: „Essen auf Rädern", Einkaufshilfen, Besuchsdienste u.ä. Ein weiterer Ausbau ist mit Unterstützung des Landkreises im Gange.

Für die Aufrechterhaltung bzw. Stärkung der sozialen Kontakte der älteren Menschen bestehen in fast allen Gemeinden Altenclubs oder -Tagesstätten.

Auch für Behinderte stehen im Landkreis und den angrenzenden Städten Einrichtungen zur Verfügung, die den besonderen Bedürfnissen bzw. Anforderungen dieser Menschen Rechnung tragen. In Schifferstadt wurde im Frühjahr 1989 eine Zweigstelle der Behindertenwerkstatt Ludwigshafen eingerichtet, die vom Gemeinschaftswerk für Behinderte (Gesellschafter: Caritasverband und Evangelische Heimstiftung Pfalz) getragen wird. Der Werkstätten-Zweigbetrieb bietet 240 geistig oder/und körperbehinderten Menschen behindertengerechte Arbeitsplätze.

In Dannstadt-Schauernheim betreibt die „Lebenshilfe für geistig Behinderte Ludwigshafen e.V." ein kleineres Wohnheim für ihre Schützlinge; in Maxdorf ist die Errichtung einer weiteren Wohnstätte beabsichtigt. In Schifferstadt wird in Bälde durch die „Lebenshilfe für geistig Behinderte Speyer/Schifferstadt e.V." ein Wohnheim für 36 mehrfach Schwerstbehinderte fertiggestellt sein. Alle diese Einrichtungen bieten nicht nur Arbeits- und Wohnplätze, was für die Lebensbewältigung und Persönlichkeitsentfaltung des einzelnen unabdingbar ist; durch die Nähe dieser Einrichtungen zu den Wohnstätten der Angehörigen kann auch der für die Stabilität der Behinderten so wichtige familiäre Kontakt aufrechterhalten bleiben.

Das „Kinderzentrum Ludwigshafen am Rhein", das als Zweckverband vom Landkreis mitgetragen wird, hat die Aufgabe der medizinischen, therapeutischen und sozialen Betreuung ent-

Das Altenzentrum St. Bonifatius in Limburgerhof.

Werkstätte für Behinderte in Schifferstadt.

Altenheim St Matthias in Schifferstadt.

Eine Investition für die Zukunft:
die Kindergärten.

wicklungsgestörter, körper- und sinnesbehinderter Kinder sowie mehrfach Schwerstbehinderter. Dazu unterhält der Verband eine Ambulanz, einen Sonderkindergarten und eine Tagesförderstätte. In der Ambulanz können behinderte Kinder medizinisch untersucht und betreut sowie fachübergreifend therapeutisch behandelt werden. Der Sonderkindergarten bietet behinderten Kindern im entsprechenden Alter eine ihrer Behinderung angepaßte Betreuung und Förderung, verbunden mit den erforderlichen Therapieleistungen. In der Tagesförderstätte werden mehrfach schwerstbehinderte Jugendliche betreut, vornehmlich solche, die nach ihrer Entlassung aus der benachbarten Schule für Körperbehinderte wegen der Schwere ihrer Behinderung keine Arbeit in einer Behindertenwerkstatt oder sonstigen Arbeitsstätte aufnehmen können.

Auch für die Jugend stehen im Landkreis ausreichend Einrichtungen zur Verfügung. Für die Förderung der Kleinsten ist in den Kindergärten gesorgt. Für ca. 4000 Kinder im Kindergartenalter stehen Plätze in den ca. 60 Kindergärten in den Gemeinden zur Verfügung. Träger sind überwiegend die katholischen bzw. evangelischen Kirchengemeinden, bei wenigen sind es die Kommunen. Bei anhaltendem Zuzug von Einwohnern in den Landkreis ist damit zu rechnen, daß weitere Kindergartengruppen in den nächsten Jahren eingerichtet werden müssen. Bei anhaltender Nachfrage ist neben den schon vorhandenen Ganztagskindergruppen mit der Schaffung weiterer und mit der Einrichtung von Hortgruppen für Schulkinder zu rechnen.

Das Hauptgewicht der Jugendarbeit liegt bei den Vereinen und Jugendverbänden. Der größte Teil der Jugendlichen des Landkreises ist in Jugendverbänden und/oder den Vereinen in irgendeiner Weise organisiert. Die Sport-, Musik- und Gesangvereine betreiben eine sehr aktive Jugendarbeit, nicht nur im Rahmen ihrer eigentlichen Aufgabenstellung als Verein, sondern bieten durch die Veranstaltung von Fahrten, Spiel- und Tanzabenden u. a. den Jugendlichen auch sonst Gelegenheit, ihre Freizeit im Verein zu verbringen. Das gleiche gilt verstärkt für die Jugendverbände im engeren Sinne. Im Kreisjugendring, zu dem sich die Jugendverbände zusammengeschlossen haben, wird in regelmäßigen Gesprächsrunden versucht, die einzelnen Aktivitäten zu koordinieren, gemeinsame Aktionen vorzubereiten und durch Erfahrungsaustausch die eigene Arbeit zu bereichern.

Soweit Jugendliche sich nicht fest an eine Organisation binden wollen, finden sie in den offenen Angeboten der Vereine und Verbände vielfältige Gelegenheit, ihre Freizeit zu verbringen bei Gesprächen, Discoveranstaltungen, Tanzabenden, bei Diskussionen oder Basteleien. In den letzten Jahren haben zunehmend auch die Gemeinden durch die Schaffung von sogenannten offenen Jugendräumen die Jugendlichen die Möglichkeit geboten, unter Gleichgesinnten und Gleichaltrigen ungebunden ihre Freizeit (außerhalb von Gaststätten oder Discotheken) zu verbringen. Offene Jugendräume, die häufig von hauptamtlichen Jugendpflegern betreut werden, finden sich inzwischen in fast allen Gemeinden.

ZWISCHEN LEISTUNG UND BEWEGUNGSFREUDE SPORT

So breit gefächert, wie sich heute „Turnen, Spiel und Sport" dem Betätigungsdrang unserer Mitbürger öffnen, so weitverzweigt sind auch die Bezüge dieses modernen Phänomens zum gesellschaftlichen, politischen, wirtschaftlichen und kulturellen Geschehen im Alltag. Die gesamte Medienlandschaft macht uns dies Tag um Tag deutlich.

Dabei kann es nicht angehen, die Namen der rund 150 Sportvereinsgemeinschaften im Landkreis, in denen übrigens ca. 10 000 Buben und Mädchen, nahezu 5000 Jugendliche sowie über 35 000 Frauen und Männer betreut werden, aufzuzählen. Wer daran interessiert ist, braucht nur die Jahrbücher des Sportbundes aufzublättern. Wo aber herausragende Ereignisse oder bemerkenswerte Situationen darzustellen sind, müssen hin und wieder die Namen betroffener Vereine und auch erfolgreicher Sportler genannt werden.

In Gänze aber sind Aufgaben und Stellung aller Turn- und Sportvereine in unserem Raum von gesellschaftspolitischen Faktoren geprägt. Das zeigt sich auch oder besonders in den kleinen und kleinsten Gemeinden. Als nach der jüngsten Verwaltungsreform beispielsweise die großen Schulsysteme gebildet wurden, wuchs den Sportgruppen in diesen Gemeinden die besondere Pflicht zu, im gesellschaftspolitischen Leben Stützpunkt für die jeweilige Bürgerschaft zu werden. Für die Jugend „daheim" wurden so die Ortsvereine wichtige Anlaufstellen, denen damit ob zusätzlicher Aufgabenstellung auch über das sportliche Geschehen hinaus vermehrte Bedeutung zuwuchs. Hier blieben allen Bürgern Sportplatz und Turnhalle offen, vom „Mutter- und Kindturnen" angefangen bis zum Seniorensport, ein breites Feld sportlicher Betätigung mit schillernder Angebotspalette, in die natürlich musisch-kulturelle Aktivitäten und auch Geselligkeitsbedürfnisse eingebunden sind. Die Wirkkraft der Angebote wurde vielfach auch zum Integrationskern.

In diesem Sinne ist das Angebot in allen Vereinen unseres Landkreises über einen weiten Bogen gespannt: „Mutter- und Kindturnen", „Schülerturnen", „Jazzgymnastik", „Aerobic-Stretching", „Frauengymnastik", „Gymnastik und Tanz", „Jedermannturnen" und „Seniorensport". Dazu kommen vielfältige Gruppen, deren Arbeit geprägt ist von speziellen Zielsetzungen und Bewegungsabläufen, wie sie die Leichtathletik, die Schwerathletik, das Schwimmen und der Wassersport, aber auch und besonders die unterschiedlichsten Spiele mit dem faszinierendsten Sportgerät überhaupt, dem kleinen oder großen Ball, wie Fußball, Handball, Volleyball, Korbball, Schleuderball, Tennis, Tischtennis, Faustball und Prellball anstreben. Nicht vergessen seien junge Sportarten, die uns aus anderen Kulturkreisen zugekommen sind, wie Badminton, Judo, Karate und die vielen sportlichen Zweige, die mehr oder weniger etwas mit der Entwicklung moderner Technik zu tun haben.

Wenn nun viele Vereinsgemeinschaften im Landkreis mehr als eine, oft eine ganze Anzahl dieser bedeutsamen Aufgabenstellungen in ihr Angebot aufgenommen haben, zeigen sie, daß die Proklamation des „Deutschen Sportbundes" und seiner Fachverbände verstanden wurde, die mit dem Programm „Zweiter Weg" ganz dem Erholungs-, Spiel- und Sportbedürfnis breiter Volksschichten entspricht.

Der Sport in den Landkreisgemeinden bejaht aber auch den Leistungsgedanken als eine Dimension menschlicher Sinnerfüllung und als Mittel der Persönlichkeitsfindung. Leistungssportlerinnen und -sportler müssen lernen, sich selbst zu begreifen, um an die eigenen Grenzen vorzustoßen. Wagnis und Kampf, Bewährung und Abenteuer bleiben dabei Wegmarken. Die Selbstherausforderung bedingt Selbstdisziplin, die Daseinserfüllung die eigentliche Qualität des Lebens.

In diesem Sinne wird in vielen Vereinsgemeinschaften oder Gruppen im Landkreis schon immer hervorragende Arbeit geleistet. Beispielhaft ist der „VfK Schifferstadt." Seine Ringermannschaften und auch Einzelringer haben das nationale Geschehen auf der Matte in unverwechselbarer Weise geprägt. Viele Sportler dieses Vereins, allen voran Wilfried Dietrich und Markus Scherer, haben beachtliche internationale Erfolge erzielt und mit Titeln „Deutscher Meister", „Europameister", „Weltmeister" sowie mit olympischen Medaillen den Ruhm ihrer Heimat gemehrt.

In ähnlicher Weise haben die Staffeln des „AC Mutterstadt" das Geschehen beim Gewichtheben mitbestimmt. Mutterstadter Sportler trugen sich erfolgreich in die Siegerlisten ein und nahmen auch an Olympischen Spielen teil. Die Trampolinturner des „TSG Mutterstadt" ersprangen sich in der Vergangenheit viele Deutsche Meistertitel, Kurt Treiter wurde sogar 1969 Europa- und 1967 Weltmeister. Als bedeutsamer Leistungsträger gilt auch der Athletenclub Altrip.

In allen Kreisgemeinden beherrscht

Die Radrennbahn in Dudenhofen, allgemein als „Badewanne" bekannt, zieht ebenso ihr Publikum an wie die zahlreichen dörflichen Fußballplätze bei Punktpielen „ihrer" Mannschaften.

„König Fußball" das Wettkampfgeschehen; in geschlossener Altersstaffelung kämpfen „Minis" bis zu „Altherrenmannschaften" in allen Leistungsklassen und Ligen.

Der Schifferstadter Elf vom „FSV 13/23," die auch heute noch zusammen mit der 1. Mannschaft von „Phönix" Schifferstadt in der Bezirksliga spielt, gelang es in den Jahren 1953 und 1965 in die Endspiele um die „Deutsche Amateurmeisterschaft einzugreifen. Sie wurde 1958 „Pokalmeister Rheinland-Pfalz/Saar" und 1960 Vizemeister in der Amateurliga Süd-West. Das führte zum Aufstieg in die 2. Division Süd-West.

Ähnlichen Erfolg im Jugendbereich kann der „TuS Altrip" aufweisen. 1970 wurde die A-Jugend-Elf „Deutscher Vizemeister".

In den Rheinauen haben sich Segler und Kanuten niedergelassen und dort, wo unsere Hallenbäder stehen, sorgen die Schwimmvereine sich um die Pflege einer der ältesten Brauchkünste in der Leibesübung, und mit ihnen verrichten die DLRG-Gruppen ihren nicht hoch genug einzuschätzenden Dienst für die Allgemeinheit.

Die Handballer haben seit langem ihre Hochburg in Hochdorf, und in nahezu allen Kreisgemeinden gibt es Abteilungen, die dieses kampfbetonte Spiel pflegen.

Eine ganz besondere Pflege findet die Leichtathletik bei der „TSG Mutterstadt," dem „TSV Iggelheim," dem „VfL Neuhofen," dem „LC Schifferstadt," der „TG Limburgerhof", aber auch in der Läufergruppe der „TSG Maxdorf."

Auf eine lange Tradition können vielerorts auch Schützenvereine zurückblicken.

Ihr Mekka haben die Reiter in Fußgönheim. Jakob Merk, bekannt als Reitsportler von Jugend an und als Pferdezüchter, war lange Jahre auch Präsident der pfälzischen Reitervereine. Natürlich haben die Vereine in Neuhofen, Altrip und Dannstadt ebenso hohes Gewicht.

Einen starken Auftrieb verzeichneten in den letzten Jahren die Tischtennisvereine. Die Faszination des weißen Zelluloidbällchens schlägt jung und alt in ihren Bann. Gleiches gilt auch für die Tennisclubs, die oft so starken Zulauf zu verzeichnen hatten, daß manchmal Aufnahmesperren verfügt werden mußten. Oft kam man kaum nach mit dem Bau neuer Spielfelder. Der Grund liegt sicher im Wandel dieser Sportart von ihrem einst elitären Charakter zum Volkssport hin. Radsportclubs, Fluggemeinschaften, Boxabteilungen und Skiclubs gibt es in mehreren Orten. Auch dies ist aus der Sportbund-Statisik herauszufinden: Judo-, Badminton-, Schach-, Minigolf- und Kegelclubs oder -abteilungen vervollständigen das Programm.

Ein vielfältiger Fächer also, der reichhaltige Angebote an die Landkreisbevölkerung gibt, zu lust- und leistungsbetontem Tun in der Leibesübung und zu sinnvoller Freizeitgestaltung.

Aber auch dies kann aus den Statistiken gelesen werden:
Der „Turnverein 1864/04 Lambsheim" ist der älteste im Landkreis Ludwigshafen. Das Gründungsjahr ist nachgewiesen. 1904 wurde der Männerturnverein gegründet und beide 1952 zusammengelegt. Turnerisch verstandene Breitenarbeit wurde zu allen Zeiten als Hauptaufgabe betrachtet. Über ein Jahrzehnt hinweg dominierte jedoch der Kunstkraftsport. Auf Drängen der Lambsheimer Turner wurde 1893 auch der „Turngau Rhein-Limburg" gegründet.

Der größte Verein mit 1795 Mitgliedern ist die „TSG Mutterstadt." Gestärkt aus Erfahrung und klarem Blick für die Moderne feierte die „TSG" ihren 100. Geburtstag unter dem beziehungsreichen Motto „Tradition mit Zukunft". Ernst Bohlig, Sohn der Gemeinde, bekannt als der „stärkste Mann der Welt" und als „erster Wanderturnlehrer in der Pfalz" rief am 11. Juli 1886 zur Sammlung und Vereinsgründung. Die zahlenmäßig kleinste Gemeinschaft bilden die Bogenschützen aus Birkenheide. In ihrem Metier sind sie große Klasse und schmückten sich wiederholt mit nationalen Meisterehren.

Ehre, wem Ehre gebührt! Auch das Alter hat seinen Wert! 100 Jahre und älter sind folgende Vereine:

Turnverein 1864/04 Lambsheim, der sich 1989 anschickt, seine 125-Jahr-Feier zu gestalten,
Turn- und Sängervereinigung 1878 Neuhofen,
Turn- und Sportverein Iggelheim, 1884
Turnverein Schifferstadt von 1885,
Turn- und Sportgemeinde 1886, Mutterstadt,
Turnvereinigung 1888, Dannstadt

Als mitgliedstärkste Vereine dürfen sich vorstellen:

TSG 1886 Mutterstadt mit 1804 Mitgliedern
TSG 1954 Maxdorf mit 1230 Mitgliedern
TG 04 Limburgerhof mit 1213 Mitgliedern

Auch für die jüngsten Schwimmer ein Vergnügen: das Kreishallenbad Römerberg.

Mit bislang sechs (bis 1988) deutschen Meistertiteln gehört der VfK Schifferstadt zu den erfolgreichsten Vereinen im Ringersport.

TV 1885 Schifferstadt mit 1178 Mitgliedern
AC 1892 Mutterstadt mit 1159 Mitgliedern
VfL 1891 Neuhofen mit 1136 Mitgliedern
SVG 1927 Bobenheim-Roxheim mit 948 Mitgliedern
SG 1908 Bobenheim-Roxheim mit 931 Mitgliedern
TC 1970 Mutterstadt mit 835 Mitgliedern
TG 1922 Waldsee mit 835 Mitgliedern

Bundesweite Resonanz haben die Aktionen „Großsporthalle" für Dudenhofen, Dannstadt-Schauernheim, Waldsee, Maxdorf, Limburgerhof und Bobenheim-Roxheim gefunden. Mit Kreisunterstützung wurden zudem die Sporthallen in Schifferstadt, Neuhofen und Mutterstadt gebaut. Dazu kommen in Römerberg, Schifferstadt, Mutterstadt und Maxdorf die Kreisschwimmbäder.

„Sportler des Jahres" wurden im Landkreis Ludwigshafen:

1983 Markus Scherer, VfK Schifferstadt, Junioren-Europameister Ringen, Griechisch-Römisch bis 48 kg
1984 Sigmar Henker, mehrfacher Olympiasieger im Versehrtensport
1985 Wolfgang Kennel, Karl Friedrich Schneider, Kanu-SV Altrip, Vizeweltmeister im Wildwasser-Rennsport
1986 Claudio Passarelli, VfK Schifferstadt, 3. Platz im Ringen zur Weltmeisterschaft im griechisch-römischen Stil, bis 68 kg
1987 Gebrüder Karl-Heinz und Wolfgang Schwab, Segelgemeinschaft Waldsee, Europameister im Segeln Kl. Korsar.
1988 die Bundesligastaffel im Ringen des VfK Schifferstadt für die Deutsche Mannschaftsmeisterschaft

Als beispielhaft, wie aktuelle ökologische Probleme in beiderseitigem Einvernehmen gelöst werden können, darf die Regelung über künftige Nutzungsrechte wassersporttreibender Vereine in den Rheinauen gelten. Vertreter des Sports und der politischen Seite wurden sich in langen Gesprächen darüber einig, daß auch durch Jahre gewachsene Strukturen im Sport veränderbar sind und hierbei entstehende Unannehmlichkeiten durch größtmögliche Hilfe abgemildert werden müssen.

Sport wäre aber auch in dieser Dichte in unserm Lande trotz aller Hilfen von außen nicht möglich, gäbe es nicht idealistisch gesinnte Frauen und Männer, die bereitwillig und ehrenamtlich in den vielen Vereinsvorständen und im technischen Bereich für eine reibungslose Organisation sorgen würden.

Sport ließe sich trotz fundierter Planung nicht verwirklichen, würde nicht die fast unüberschaubare Riege der Übungsleiterinnen und -leiter, Frauen, Männer und Jugendlichen, oft auch das letzte Quentchen ihrer persönlichen Freizeit ihrem Hobby, „der schönsten Nebensache der Welt", schenken.

Auf solch uneigennützig praktizierten Bürgersinn darf auch unser Landkreis stolz sein.

Was Schifferstadt für die Ringer, ist Mutterstadt für die Gewichtheber. Andere dagegen lieben eher Sportarten, die weniger „schweißtreibend" sind.

Beliebt sind in den letzten Jahren die Volksläufe, wie hier bei Maxdorf, für die die Rheinebene bestens geeignet ist.

Segelfluggelände in Dannstadt.
Hallenbad mit Freiluft-Schwimmbecken in Schifferstadt.

Schloß Fußgönheim:
Figur des Heiligen Jakobus (1741).

STEINERNE ZEUGEN BAUDENKMÄLER

Das ehemalige von Hallbergsche Schloß in Fußgönheim

Das Schloß in Fußgönheim, erbaut 1728–31 für den Freiherren Jakob Tilmann von Hallberg, kurpfälzischer Minister und Staatssekretär, ist die künstlerisch bedeutendste Bauanlage im Landkreis. Ausgestreckt auf einem großflächigen Gelände zwischen Hauptstraße im Westen und Holzgartenbach im Osten, bietet der Komplex in der Abfolge von Torhaus, Innenhof, Schloßbau und Garten das typische Bild eines gehobenen Herrensitzes in barocker Zeit. Zur Straße wird der Besitz von einem langgestreckten, die ganze Breite des Grundstücks einnehmenden Vorbau abgegrenzt; dieser eingeschossige Putzbau mit hohem Walmdach, der ursprünglich als Unterkunft der Bediensteten genutzt wurde, riegelt gleichsam das Schloß von der Umgebung ab, indem es den durch den Innenhof weit von der Straße abgerückten Hauptbau den Blicken entzieht. Durch die korbbogige, rustizierte Torfahrt in der Mitte des Gesindehauses gelangt man in den Innenhof, der vormals allseitig umbaut war, während heute der nördliche Flügel des damals U-förmigen Vorbaues abgegangen ist.

Im Osten des Hofes erhebt sich der zweigeschossige, über H-förmigem Grundriß errichtete Schloßbau, der sich mit seiner Hauptfassade dem Hof zuwendet. Trotz der recht aufwendigen Disposition des dreiflügeligen Haupthauses sind die dem Wohnen vorbehaltenen Trakte durch die einfache, scheitrechte Rahmung der Öffnungen, die nur bei den Eingängen einen zusätzlichen Schmuck erhalten, in einem schlichten Ausdruck gehalten – ganz im Gegensatz zur Schloßkirche, gleichzeitig die katholische Pfarrkirche St. Jakobus Major, die den nördlichen Hofwinkel darstellt. Die Kirche, 1740–41 anstelle einer kleineren Privatkapelle derer von Hallberg erbaut, setzt sich durch ihre rundbogigen Öffnungen, das mit einem Dreieckgiebel betonte Portal und die geschweifte Giebelwand vom übrigen Baukörper ab und wird als Kirche durch den achteckigen, verschieferten Dachturm kenntlich gemacht. Sie ist, wenn auch nach Norden an den Rand des Innenhofes gerückt, der eigentliche Mittelpunkt des Schlosses.

Die rückwärtige Schloßfassade, die den schlichten Aufbau der Hoffassade wiederholt, zeigt auf den kürzlich wiederhergestellten, im französischen Stil angelegten Garten, der von hohen Mauern umgeben wird.

Der Bau des Schlosses veranschaulichte den Bewohnern Fußgönheims einen grundlegenden Wandel der Herrschaftsverhältnisse. Fußgönheim war vom hohen Mittelalter an in mehrere Herrschaftsbereiche geteilt: das nördliche sogenannte Unterdorf war zum Teil im Besitz der Herren von Leiningen, zum Teil der Herren von Falkenstein; das südliche sogenannte Oberdorf gehörte dagegen zum Herzogtum Lothringen. Allen Herrschaften aber gemeinsam ist das Bekenntnis zur lutherischen Konfession gewesen. Nachdem der katholische Freiherr von Hallberg 1727 das Oberdorf zum Lehen erhalten hatte und bis 1730 auch das Unterdorf in seinen Besitz bringen konnte, fürchteten die Einwohner nicht zu Unrecht eine Bevorzugung der katholischen Lehre, verbunden mit einer Unterdrückung der weiterhin überwiegend lutherischen Bevölkerung am Ort. Die harte Herrschaft des Freiherren, der mit starker Hand über seine Untertanen im kleinen Dorf regierte, brachte ihm bald den Schimpfnamen „Bauernschinder", zumindest den respektvoll geäußerten Titel „gestrenger Herr" ein. Wohl nicht zufällig ist in solch gespannten Verhältnissen der Schloßkomplex nach allen Seiten von der Nachbarschaft der ungeliebten Bauern abgesondert.

In den siebziger Jahren konnte unter erheblichem finanziellen Aufwand der Schloßkomplex restauriert werden. Dabei wurde der gefährdete Hauptflügel des Schlosses entkernt und zur katholischen Pfarrkirche umgenutzt.

Das ehemalige von Gagernsche Schloß in Kleinniedesheim

Das Kleinniedesheimer Schloß, mitten im Dorf gelegen, geht in seinen ältesten Teilen (Keller) auf einen bescheideneren, wohl nur einflügeligen Bau zurück, der 1735–36 für den Kurkölnischen Geheimen Rat von Steffné an der Großniedesheimer Straße errichtet wurde. Über das Aussehen dieses Gebäudes lassen sich keine Angaben machen, da trotz intensiver Nachforschungen kein Quellenmaterial aufgefunden werden konnte.

Die Erben des Geheimen Rates verkauften den Besitz 1765 an den Freiherrn Carl Christoph Gottlieb von Gagern. Er ließ um 1785 das ältere Gebäude in der jetzigen Art zu einem zweiflügeligen Schloß umbauen, das durch seine Lage an der Straßenkreuzung von besonderer städtebaulicher Wirkung ist. Die zweigeschossigen Putzbauten der Flügel unter abgewalmten Satteldächern werden an der

Pavillion im ehemaligen Schloßgarten
Kleinniedesheim, um 1785.
Die protestantische Pfarrkirche in
Mutterstadt wurde 1754/55 errichtet,
während der Turm aus dem frühen
16. Jahrhundert stammt.
Schloß Kleinniedesheim, um 1785.

Ecke von dem einbezogenen, dreigeschossigen Turm mit Mansardwalmdach überragt. Die in typisch spätbarocker Art gestalteten Gliederungen in Sandstein zeichnen sich an der Fassade zur Großniedesheimer Straße durch einen erhöhten Aufwand aus; diese ist auch durch die doppelläufige Freitreppe zum prachtvoll gerahmten Eingang als Hauptansicht des Schlosses bestimmt. Die größere Bedeutung dieses Flügels zeigt auch im Inneren der Aufgang zum Treppenhaus, der am Treppenansatz durch mehrere in Stein gefaßte Bögen vom Vorraum abgetrennt und damit hervorgehoben wird.

Die korbbogige Torfahrt linker Hand des Flügels zur Großniedesheimer Straße weist darauf hin, daß dem eigentlichen Schloß als Wohnsitz der Freiherren von Gagern ein landwirtschaftliches Gut angeschlossen war. Neben der Bruchsteinscheune des 18. Jahrhunderts an der Wormser Straße bilden der westliche und südliche Flügel des vierseitig umbauten Innenhofes, den man durch die Torfahrt erreicht, die wesentlichen Nebengebäude des Hofgutes, die zum Teil noch aus der Zeit vor der Übernahme durch die Familie von Gagern stammen. So ist zum Beispiel der Eingang zu dem Gewölbekeller im Westen des Hofes auf 1762 datiert.

Westlich an den Hof anschließend, abgestützt durch eine Mauer mit Balustraden, erstreckte sich auf dem höhergelegenen Gelände der im englischen Stil angelegte, weitläufige Schloßgarten, der heute als Weinberg genutzt wird. Ganz im Sinne englischer Parkanlagen wurde im Norden des Gartens als Staffagebau ein kleiner, zweigeschossiger Rundbau errichtet; das überkuppelte Obergeschoß dieses Pavillon genannten Gebäudes ist augenfällig als Nachahmung des römischen Pantheons ausgebildet. Nicht zuletzt durch dieses Antikenzitat erweist sich das Schloß der Freiherren von Gagern als zwar bescheidener, aber deutlich an den Idealen der aufgeklärten Aristokratie orientierter Baukomplex.

1988 konnte die in vorbildlicher Weise durchgeführte, langwierige Renovierung des Schlosses unter Beteiligung der privaten Eigentümer, der Verbandsgemeinde, des Kreises und des Landes abgeschlossen werden. Bereits 1986 wurde das Schloß seiner neuen Bestimmung als Kulturzentrum der Verbandsgemeinde Heßheim und des Landkreises übergeben, die es für Konzerte, Lesungen, Ausstellungen und Veranstaltungen am Kamin im Keller in hervorragender Weise erfüllt.

Das Rathaus in Schifferstadt

Das Schifferstadter Rathaus ist eines der ältesten profanen Denkmäler im Landkreis. Das massive Erdgeschoß stammt aus dem Jahr 1558, das Obergeschoß und die Dachgeschosse in Fachwerk wurden 1685 erneuert, nachdem sie 1680 abgebrannt waren.

Das großdimensionierte Rathaus ist ein charakteristischer Vertreter des Typus Pfälzer Rathaus, wie er in der Region, aber auch in Rheinhessen weit verbreitet war. Dieser vom 15. bis 17. Jahrhundert gebräuchliche Typus zeichnet sich dadurch aus, daß das Erdgeschoß einen nicht unterteilten Saal bildet, der durch die weiten, zum Großteil offenen Arkaden der Außenwände von mehreren Seiten zugänglich ist. Das Obergeschoß ist dagegen in der Regel durch Zwischenwände in mehrere Räume aufgeteilt. Weiterhin ist für das Pfälzer Rathaus bezeichnend die Freitreppe zum Obergeschoß, die gleichzeitig unter dem Treppenlauf das Verlies, die sogenannte Betzenkammer, birgt. Das Pfälzer Rathaus bietet damit unter einem Dach alle geeigneten Räumlichkeiten, die zur Erfüllung der öffentlichen Aufgaben einer Gemeinde in damaliger Zeit notwendig waren. Denn auch die von einem Grundherren abhängigen Orte – Schifferstadt gehörte von 1065 bis 1797 zum Hochstift bzw. Fürstbischof von Speyer – besaßen in mehr oder weniger großem Umfang Rechte zur Selbstverwaltung.

So besaß Schifferstadt zum Beispiel das Marktrecht, das heißt das Recht zum Abhalten einer Art von Jahrmarkt, zu dem die Käufer und Verkäufer von nah und fern anreisten. Die Marktaufsicht, die über das Einhalten der Marktordnung zu wachen hatte, bezog als Amtsraum das Erdgeschoß des Rathauses. Weitaus wichtiger war aber die Funktion des Erdgeschosses als Gerichtssaal, der durch die Öffnungen der Arkaden im handgreiflichen Sinne „Öffentlichkeit" herstellte. Auf den Steinbänken entlang der Wände saßen Richter, Schöffen, Zeugen und Angeklagte bei den Verhandlungen der niederen, in Schifferstadt aber auch der hohen Gerichtsbarkeit. Strafen zum Pranger oder symbolische Gefängnisstrafen, wie sie neben Geldstrafen für die niedere Gerichtsbarkeit üblich waren, konnten direkt am Ort vollzogen werden: Als Gefängnis diente die oben erwähnte „Betzenkammer" unter der Freitreppe, ein enges, finsteres Loch, das lediglich durch die kleine Lichtöffnung und die Durchreiche in der Holztür Verbindung nach

Protestantische Pfarrkirche in Mutterstadt (1754/55).
Altes Rathaus in Schifferstadt.

außen hatte; daneben steht der Prangerstein, auf dem – in Halseisen und Handschellen vorgeführt – der Delinquent dem Gespött der Nachbarn ausgesetzt wurde.

Das Obergeschoß des Rathauses, in dem der Ratssaal, die Schreibstube und weitere Nebenräume untergebracht waren, diente dagegen der Verwaltung der Gemeinde. Hier wurden alle Rechtshandlungen vollzogen, soweit sie in die Zuständigkeit des nur beschränkt autonomen Ortes fielen.

Der öffentliche, hoheitliche Status des Rathauses insgesamt wird zum einen bekundet durch die Haube über dem Podest des überdachten Treppenaufgangs zum Obergeschoß: Sie steht wohl als Ersatz für den einem Rathaus als obrigkeitlichem Bau zukommenden Turm mit Glocke. Von besonderer Bedeutung sind aber des weiteren die Wappensteine, die, an verschiedenen Stellen des Erdgeschosses angebracht, Auskunft geben über die Herrschaftsverhältnisse im Jahr 1558. Da ist zum einen das Wappen der Gemeinde Schifferstadt, ein Schiff mit Ruder und Kreuz. Zum anderen sind die drei Wappen der Grundherrschaft auf einem Stein vereinigt: Neben dem Wappen des Speyerer Hochstiftes, ein weißes Kreuz mit blauem Grund, findet sich das Wappen des regierenden Speyerer Fürstbischofs Rudolf von Frankenstein (1552 – 60), eine rote Holzaxt im goldenen Feld. Da Rudolf von Frankenstein zugleich Abt des Klosters Weißenburg war, wurde auch das Wappen des Klosters, eine Burgansicht mit Krone und Abtstab, hinzugefügt.

Das Anwesen Hauptstraße 47 in Lambsheim

Die im Landkreis übliche Hofform ist die des fränkischen Dreiseithofes: Dem zur Straße giebelständigen Wohnhaus auf der einen Seite des Hofes entspricht auf der anderen das ebenfalls giebelständige Nebengebäude bzw. der Altenteil, beide verbunden durch die Hofmauer mit scheitrechtem oder rundbogigem Tor. Die den Hof nach hinten abschließende, querstehende Scheune vervollständigt die Gebäulichkeiten zu der typischen U-förmigen Anlage.

Einzig in Lambsheim zeigen die Straßenzüge im Ortskern ein anderes Bild: Hier sind die meist zweigeschossigen Wohnhäuser auf der gesamten Breite des Grundstücks traufständig erbaut, so daß sie sich zu geschlossenen Häuserzeilen verbinden. Da die Anordnung der Nebengebäude und der Scheune unverändert beibehalten wurde, sind in Lambsheim in größerer Zahl vollständig ausgebildete Vierseithöfe anzutreffen.

Diese repräsentativen Vierseithöfe wurden, wie der Baubestand zeigt, erst beim Wiederaufbau nach dem Pfälzischen Erbfolgekrieg (1688 – 97) errichtet, als der Ort, der seit 1389 zur Kurpfalz gehörte, insbesondere unter Kurfürst Carl Theodor (1742 – 99) eine neue Blüte erlebte. Begründet war dies auch dadurch, daß Lambsheim als befestigte Stadt schon seit dem 15. Jahrhundert durch den ortsansässigen Adel Verwaltungsaufgaben für die Umgebung erfüllte.

Einer der größten und reichsten Vierseithöfe des 18. Jahrhunderts in Lambsheim ist das Anwesen Hauptstraße 47. Das imposante Wohnhaus, ein vornehm wirkender, zweigeschossiger Putzbau mit rundbogiger Torfahrt linker Hand und doppelläufiger Freitreppe zum Eingang, wurde um 1760 für Georg Elias Koob errichtet. Für die Bauzeit sind die Sandsteingliederungen mit Ohrenrahmen ebenso charakteristisch wie das steile Walmdach. Die ans Wohnhaus rückwärtig anschließenden Nebengebäude stammen im Süden aus dem 19. Jahrhundert, im Norden aus den Jahren 1763 und 1766. Beherrscht wird der Innenhof aber von der großräumigen Scheune mit hohem Mansardwalmdach, die im Scheitelstein der rundbogigen Einfahrt die Inschrift trägt: „1753 A(nna) B(arbara) K(oob)/G(eorg) E(lias) K(oob)". Der besondere Reichtum dieses bis ins Detail weitgehend unverändert erhaltenen Hofanwesens ist dadurch zu erklären, daß die Familie Koob die Verwalter des Adelssitzes in der Junkergasse 1 stellte.

Das dortige Schlößchen, ehemals den Rittern von Meckenheim gehörig, geht mit den Kellern und dem Sockel auf das frühe 16. Jahrhundert zurück, während es seine heutige Gestalt im wesentlichen in der zweiten Hälfte des 17. Jahrhunderts erhielt. Von 1725 bis 1797 wurde es von der freiherrlichen Familie von Haacke bewohnt. Die engen Beziehungen zwischen den Freiherren von Haacke und der Verwalterfamilie Koob werden auch daran deutlich, daß hinter der Scheune jenseits der Stadtmauer und des Grabens, im frühen 18. Jahrhundert ein zum Schloß gehöriger Garten angelegt worden ist. Er war nur über die Scheune des Hofanwesens erreichbar, wovon noch heute die rückseitige Türöffnung der Scheune und das Brückchen über den ehemaligen Stadtgraben zeugen.

Altes Rathaus in Schifferstadt (1558/1685).
Anwesen Hauptstraße 47 (um 1760) in Lambsheim.

Die Protestantische Pfarrkirche in Mutterstadt

Die Lage der Protestantischen Pfarrkirche am nördlichen Rand des ältesten Ortskerns ist ein deutlicher Hinweis auf die Entstehung Mutterstadts in fränkischer Zeit. Denn nach fränkischer Sitte durften innerhalb der bewohnten Gebiete keine Bestattungen vorgenommen werden; die Friedhöfe mußten an den Rand der Siedlungen ausweichen. Meist wurde dann auch die Pfarrkirche auf dem Friedhof errichtet, da der Bau sowohl einer Friedhofskapelle wie einer im Dorfzentrum gelegenen Pfarrkirche die Möglichkeiten der kleinen Gemeinden überstiegen hätte. Auf diese Weise ist wohl in Mutterstadt der erste Vorgänger der heutigen Kirche um 900 n.Chr. entstanden.

Eine weitere, häufig anzutreffende Eigenart solcher Kirchhöfe ist ihr Ausbau zu einer Verteidigungsanlage und einem Zufluchtsort der Bevölkerung in unruhigen Zeiten. Oft wurden in der Pfalz im 15. Jahrhundert, aber auch zum Teil wesentlich früher, der Friedhof mit einer starken Mauer umgeben und zusätzlich der Kirchturm nach Art eines Burgturms um- oder ausgebaut. Dies geschah auch dann, wenn – wie in Mutterstadt – der Ort bereits durch Wall und Graben geschützt war. Eine Wehrkirche dieser Art stellte der Mutterstadter Neubau von 1517/18 dar, von dem sich der Westturm erhalten hat; die massive Ausführung der Mauern, vor allem aber die Schießscharten im zweiten und dritten Geschoß geben ein beredtes Zeugnis von der ehemaligen Trutzhaftigkeit des Kirchhofs.

In eine friedlichere Zeit weist das Kirchenschiff, erbaut 1754/55. Mutterstadt, seit 1331 zur Kurpfalz gehörig und 1556 reformiert, hatte sich seitdem zu einem der größten und einflußreichsten Orte in der Region entwickelt. Dadurch konnte für den Neubau des Kirchenschiffes die besondere Gunst des Kurfürsten Carl Theodor (1742–99) gewonnen werden. Er beauftragte mit dem Bau den kurpfälzischen Hofbaumeister Franz Wilhelm Rabaliatti (1716–82), der eine äußerlich schlichte, im Innern aber durch die Ausstattung aufwendige Saalkirche mit eingezogenem, fünfseitig schließendem Chor schuf. Bezeichnend für reformierte Kirchen ist die sogenannte Prinzipalwand im Chor: Hinterfangen vom Presbytergestühl erhebt sich über dem bewußt einfach gehaltenen Kastenaltar die ausschwingende Orgelempore mit der Orgel. (Die jetzige Orgel, geschaffen von Johann Michael Stumm II., ersetzte 1786 die ursprüngliche, aus der Vorgängerkirche übernommene.) Daß entgegen dem üblichen Aufbau der Prinzipalwand die Predigtkanzel, die in der Regel zwischen Altar und Orgel einbezogen ist, an die südliche Einschnürung des Chors versetzt wurde, hat einen besonderen Grund. In Dankbarkeit für die Zuwendungen des Kurfürsten beim Kirchenbau wurde ein für ihn reservierter Herrscherstuhl an der nordöstlichen Langwand eingerichtet, kenntlich gemacht durch das Mutterstadter Wappen des Schlüssels. – Gewöhnlich ist der Herrscherstuhl auf der Empore gegenüber dem Chor zu finden; die im Landkreis einzigartige, doppelstöckige Empore in Mutterstadt wurde aber erst 1792 hinzugefügt. – Da der Kurfürst von dieser Stelle des Kirchenschiffs nur schwerlich die Predigt, gehalten im Chor, hätte verfolgen können, wurde die Kanzel dem Herrscherstuhl gegenüber angeordnet – eben im Süden des Chors. Und auch der gemalte, mit Hermelin besetzte Vorhang zwischen Kanzelkorb und Schalldeckel zeigt die Hinwendung der Kanzel auf den als ständig anwesend gedachten Fürsten.

Der Tabakschuppen in Harthausen

Die Errichtung des Tabakschuppens in Harthausen steht unmittelbar in Zusammenhang mit dem loyalen Verhalten der Harthauser Bevölkerung zur bayerischen Regierung während der revolutionären Jahre 1848/49.

Im Anschluß an die Revolution 1848 in Frankreich war es in Deutschland zu Aufständen und Volkserhebungen gekommen; die deutsche Revolution mündete 1848 in die Nationalversammlung der Frankfurter Paulskirche, wo die Abgeordneten des Volksparlaments über die Verfassung des zukünftigen Deutschen Reiches berieten. Die Abweisung der in Frankfurt gefaßten Beschlüsse durch die Regierungen der deutschen Fürstentümer führte 1849 zur Aufstellung revolutionärer Bürgertruppen, um das Ideal des Nationalstaates notfalls mit Gewalt zu verteidigen. Speyer, seit 1816 Regierungssitz der bayerischen Pfalz, war ein Zentrum der republikanisch gesonnenen Pfälzer Revolutionäre und zeitweise Sitz ihrer Provisorischen Regierung.

In Harthausen, das damals zum Bezirksamt Speyer gehörte, fanden dagegen die republikanischen Ideale keinen Widerhall; hier bekundeten die Einwohner ihre Treue zum Königreich Bayern und zur bayerischen Regierung. Verschiedene Befehle der Provisorischen Regierung, die 1849 die wehrfähigen Männer der Gemeinde zum bewaffneten Dienst in den Bürgerwehren nach Speyer einberiefen, blieben bei den Harthausenern weitgehend unbeachtet. Der Widerstand gegen die Revolutionsregierung war auch dann noch ungebrochen, als im Juni 1849 der Bürgermeister der Gemeinde verhaftet und erst nach Zahlung einer erheblichen Summe freigesetzt wurde. Diese Haltung der Harthausener Bürger brachte ihnen vor allem von Seiten der Speyerer den Spitznamen „Königskinder" ein.

Nach der Niederschlagung der Revolution noch im Juni 1849 bereiste der bayerische Prinz Luitpold, späterer Prinzregent, 1849/50 die Pfalz, um die Bevölkerung wieder an das bayerische Königshaus zu binden. Dabei machte er auch in Harthausen Station; als Anerkennung für die Loyalität der Einwohner zu Bayern versprach Prinz Luitpold der Gemeinde einen Tabakschuppen, da er bemerkt hatte, daß nur wenige Bauern über genügend Raum zum Trocknen des Tabaks verfügten. Auf diese Weise glaubte er, sowohl der Gemeinde, die den Tabakschuppen verpachten konnte, wie dem einzelnen seine Dankbarkeit erweisen zu können. 1851 traf dann die Anweisung ein, auf Kosten der bayerischen Regierung den Tabakschuppen auszuführen, 1852 wurde er an der Hanhofer Straße 10 erbaut.

Über die politischen Umstände hinaus, die zur Errichtung des Harthausener Tabakschuppens führten, ist der Stadel auch von wirtschaftshistorischer Bedeutung. Die Bauorder verlangte ausdrücklich die „Berücksichtigung der neuesten Verbesserungen im Elsaß"; gemeint sind an den Außenwänden des Holzschuppens die verstellbaren Belüftungsklappen, die durch Öffnen oder Schließen das Tabaktrocknen von der Witterung unabhängiger machen. Mit diesen Lüftungsklappen ist der Harthausener Tabakschuppen der erste seiner Art in der Pfalz, und auf ihn geht der heute noch in der Region gebräuchliche Typus des Tabakstadels zurück. Daneben zeichnet sich der hausgroße, im Inneren als dreischiffige Ständerkonstruktion ausgeführte, Schuppen durch die handwerklich aufwendige Verarbeitung seiner Einzelteile aus.

Aufgrund seiner hohen historischen Aussagekraft ist der Tabakstadel in Harthausen unter Denkmalschutz gestellt. Unter finanzieller Beteiligung der Gemeinde, des Kreises und des Landes ist er inzwischen restauriert und einer Nutzung als Heimatmuseum zugeführt worden.

Historischer Tabakschuppen (1852) in Harthausen.

LÄTAREWECK, PFINGSTOCHS UND MARTINIWEIBEL
BRÄUCHE FRÜHER UND HEUTE

Brauchtum ist ein Gruß aus der guten, alten Zeit, als man werktags das schaffte, was getan werden mußte, und Ruhe und Feiertag in ihrer vollen Bedeutung zum Lebensrhythmus gehörten. Zeit war wohlfeil. Man tat, wie es Brauch war seit altersher. Das bedurfte keiner Überlegung. Brauchtum verlieh ein ausgeprägtes Rechtsbewußtsein und starke innere Sicherheit. Es regelte das Verhältnis zum Übernatürlichen und bestimmte das Zusammenleben mit Verwandten, Freunden und Nachbarn und machte das Dasein ganz einfach reicher und schöner. Die wenigen Überreste, die sich mit Adventskranz, Weihnachtsbaum, Mummenschanz und Ersten-April-Scherzen auch heute noch allgemeiner Beliebtheit erfreuen, sind nur ein kleiner Schimmer einer fernen, fast vergangenen Welt, die das Vergnügen nicht unbedingt nach dem Gelde maß, das dafür ausgegeben werden mußte. Viele Bräuche, die uns heute malerisch und poetisch erscheinen, haben recht irdische reale Beweggründe, und nicht alles ist kultischen Ursprungs, was uns uralt anmutet. So manches, was heute festlich begangen, ja zuweilen mit Pomp gefeiert wird, wurde einstens aus der Not geboren. Betrachten wir doch einmal das Iggelheimer Weckvermächtnis, bei dem der Hunger Pate stand. Die bisher älteste bekannte Aufzeichnung hierüber ist ein Pachtvertrag vom 23. März 1687. Danach sollen zwei unverheiratete Schwestern der Gemeinde einen Acker mit der Bestimmung überlassen haben, diesen zu verpachten und die Zinsen im Betrage von drei Gulden und sechs Kreuzern zur Austeilung von Wecken an alle Ledigen des Dorfes ohne Unterschied des Standes und Alters alljährlich am Sonntag Lätare zu verwenden. Der Lätareweck, Notbrot nach Krieg, Pest und in Zeiten tiefster Armut, hat nunmehr als Zeugnis einer guten Tat drei Jahrhunderte überdauert. Konfessionelle und politische Überlegungen wie auch sonstige Zeiterscheinungen haben dieses Brauchtums-Juwel zur heutigen Form zugeschliffen. Jedes Jahr am Sommertag schillert es, bei einem von der Gemeinde, Vereinen und privaten Gruppen gestalteten Umzug mit dem Weckwagen zum Herzstück, in buntprächtigen Farben. In früheren Jahren wurde über die Verteilung des Backwerks streng Liste geführt. In jüngster Zeit ist man dazu übergegangen, nicht nur die Empfangsberechtigten vor Ort, sondern alle Kinder am Zugweg mit einem Lätareweck zu beschenken. Dies geschieht in der Gewißheit, daß diese großzügige Auslegung des Weckvermächtnisses dem Sinne der Spenderinnen nicht entgegensteht.

Wenn in Harthausen am 20. Januar und in Hanhofen am darauffolgenden Sonntag die Glocken zu Gottesdiensten zu Ehren des heiligen Sebastian rufen, dann haben diese Feiern ihren Ursprung in einer gemeinsam erlittenen Notzeit, der Pest des Jahres 1666. In diesem Jahr hatte sich diese Krankheit in der Pfalz und den angrenzenden Gebieten ausgebreitet und ungeheuere Opfer verlangt. Zur Abwendung der schrecklichen Seuche hatten die Gläubigen beider Ortschaften den heiligen Sebastian als Fürsprecher bei Gott ausersehen. Dieser christliche Märtyrer wurde seit dem 7. Jahrhundert als Patron gegen die Pest hochverehrt, wahrscheinlich, weil die Auffassung herrschte, daß diese furchtbare Krankheit durch geheimnisvolle Pfeile von Pestengeln oder Dämonen hervorgerufen werde. In einer Zeit grausamster Christenverfolgung hatte Sebastian selbst den Tod durch Pfeilbeschuß erlitten. Im Vertrauen auf Hilfe durch ihn gelobte man in Harthausen und Hanhofen, als Dankesbezeigung auf ewige Zeiten am Jahrestag des Heiligen einen Festgottesdienst abzuhalten, was bislang auch in rühmenswerter Weise geschah.

Ein Akt der Hilfsbereitschaft bescherte den Frauen aus Berghausen die heute noch gültige Tradition des „Weiberbratens". Die Winterkälte hatte alles Flüssige draußen in der Natur zu Eis verwandelt, als um den Dreikönigstag des Jahres 1706 rund sechzig Berghäuser Milchfrauen in täglicher Gepflogenheit, ihre weiße Fracht in Kübeln auf dem Kopf tragend, zu ihrer Kundschaft nach Speyer bringen wollten. Auf dem Weg zwischen Berghausen und Speyer stand das als Gutleuthaus bezeichnete Pfründnerheim der Stadt Speyer, wo alte und gebrechliche Leute ihren Lebensabend verbrachten, in hellen Flammen. In Ermangelung anderer Löschmöglichkeiten bekämpften diese Frauen kurz entschlossen den lodernden Brand mit ihrer Milch erfolgreich. Als Anerkennung für diese edelmütige Tat setzte der Hohe Rat der Stadt Speyer ein Legat ein, daß den Berghäuser Frauen jährlich ein ansehnlicher Braten aus 15 Pfund Kalbfleisch, 14 Pfund Rindfleisch und 14 Pfund Schweinefleisch bereitzustellen ist. Bis zur Französischen Revolution erfolgte diese Abgabe tatsächlich in Form der erwähnten Fleischmengen, wurde dann aber in eine Geldzuwendung von jährlich 8 Gulden und 14 Kreuzer umgewandelt, mit der die notwendigen Naturalien beschafft werden konnten.

Das reiche Vereinsleben von Bobenheim und Roxheim läß sich an diesem „Maibaum" erkennen.

Es ist nicht feststellbar, wann man dazu überging, den jährlichen Weiberbratenschmaus nur noch alle fünf Jahre in festlicher Form zu halten. Weithin bekannt ist jedoch die aus dieser Überlieferung entstandene Weiberbraten-Gemeinschaft, die sich aus ortsansässigen verheirateten und in Berghausen geborenen, aber auswärts wohnenden Frauen rekrutiert und der Männerwelt nur ungerne einen Bissen gönnt, wenn sich die Legats-Erbinnen im geschmückten Saal an der großen Tafel schmausend versammeln. Das starke Geschlecht ist nur in Ehrengast-Funktion oder beim abendlichen Festtanz wohlgelitten. Seit 1956 avanciert das Weiberbratenessen zusammen mit einer Tanzveranstaltung und einem Umzug zu einem zweitägigen Dorffest, das Gäste aus nah und fern anlockt und Zünftig-Althergebrachtes in neuem Gewande erleben läßt.

Im Fahrwasser gutnachbarlicher Harmonie schwimmen auch jene Fischlein, die einstens eine brauchtumsbezogene Verbindung zwischen Otterstadt und Schifferstadt herstellten. Ein halbes Jahrtausend oder noch weiter zurück darf der Ursprung nachbarlicher Hilfe durch die Schifferstadter vermutet werden. Lange vor Einführung des Fischgeschenkes hatten sie sich ihre Hilfe schon mit barer Münze versilbern lassen. Die früheste aktenkundige Nachricht findet sich im Jahre 1578 in der Gemeinderechnung von Schifferstadt. Dort heißt es: „Einen Gulden brachten die von Otterstadt auf den Eschertag (Aschermittwoch) wie von alters. Drei Schilling verzehrten die von Otterstadt, als die den Gulden auf Eschertag brachten wie von alters her." Der Gulden, welcher bei weitem nicht den Wert des Weiderechts ausmachte, war nur der Anerkennungszins für ein bestehendes Verhältnis. Für die Weidenutzung mußte, wie die Schifferstadter Gemeinderechnung von 1585 ausweist, bezahlt werden: Weidgeld 16 Gulden von Otterstadt, für 8 Wochen je 2 Gulden." Auch die Herren des Dorfes Otterstadt, die Kapitulare des Sankt-Guido-Stifts zu Speyer, waren um den Weidegang des Viehes in Notzeiten besorgt. 1619 heißt es, der verstorbene Dekan Jakob Lutz habe 200 Gulden vermacht, „ . . . daß in Rheinesnöten die Bauleut (Bauern) zu Otterstadt die Schifferstadter wegen der Weid befriedigen können". Nach dem Dreißigjährigen Krieg wurde der Brauch fortgesetzt. In der Schifferstadter Gemeinderechnung findet sich 1723/1724 der Eintrag: „Ein Gulden die Otterstadter wegen Rechts zum Viehtrieb, wann der Rhein ausgeht". Die erste Bestätigung, daß neben dem Gulden den Schifferstadtern auch ein Fischgeschenk überbracht wurde, gibt der Otterstadter Schultheiß Jakob Lemmerich. Er war am Aschermittwoch 1733 mit dem Fisch auf dem Wege nach Schifferstadt. An der Wormser Warte bei Speyer paßten ihn Beamte des Fürstbischofs Damian Hugo von Schönborn ab, verhafteten ihn und steckten ihn 6 Wochen im Schloß Marientraut bei Hanhofen in „gefängliche Haft" – natürlich nicht bedingt durch den Fisch, sondern weil das Sankt-Guido-Stift wegen der Otterstadter Einwohner mit dem Bischof in Streit lag um die Leibeigenschaft. Das legendäre Fischgeschenk war es, das in Otterstadt bereits die Idee zu einem Karpfenfest mit alljährlicher Wiederkehr aufkeimen ließ. Man war bereits feste am Feiern, als der Zweite Weltkrieg dem Spaß wie auch der langgehegten Tradition ein jähes Ende bereitete. Im Jahr 1950 griffen die Otterstadter die schöne alte Gepflogenheit wieder auf. Rund um den Karpfen gestalten sich die Aktivitäten im Festzelt und beim Umzug mit überwiegend historischen Motiven, heuer ausgiebiger und prachtvoller denn je. Auch die Dankespflicht für das jahrhundertealte Gast-Weiderecht in Schifferstadt hat man in der Rheingemeinde keineswegs vergessen: Im Rahmen des Karpfenfestes spenden die Otterstadter einem geladenen Personenkreis aus Schifferstadt einen „Fusch" oder mehrere zum Gratis-Verzehr.

Diese vier Beispiele sind herausragende Ereignisse in den Brauchtumsgefilden unseres Landkreises, die allerdings noch beliebig zu ergänzen wären. Die Bräuche im vorderpfälzischen Raum gleichen einem riesengroßen, an Formen und Farben reichen Mosaikgemälde; nur vereinzelte Steinchen können in dieser Abhandlung aufblitzen.

Nicht jegliches Brauchtum besitzt freilich einen gewachsenen geschichtlichen Hintergrund oder religiösen Tiefgang. Oft mag einfach die Lust am Scherz, am Spiel, am Witz die Triebfeder gewesen sein. Die in unserem Raum sehr verbreitet gewesene „Nachtpatsche" ist Neckspiel, Zauberformel und abgestorbener Volksbrauch gleichermaßen. Diese Sitte war mehr bei den Mädchen als unter den Jungen üblich. Beim Nachhausegehen – auch am hellen Tage – gab an der Stelle, an welcher sich der gemeinsame Weg trennte, ein Kind dem anderen unvermittelt einen leichten Schlag mit der flachen Hand auf den Rücken und rief: „Da hast die Letzt!" oder „Da hast die Nachtpatsch!" Wer die „Nachtpatsche" auf irgendeinen Buckel schlug, versuchte schnell zu entrinnen. Der oder die Getroffene, nun nicht faul, wollte schnell die Patsche zurückgeben. Gelang es, so hieß es lachend: „Da hast sie wieder!" Es war eigentlich gleich, ob die „Nachtpatsche" postwendend an den Absender zurückging oder auf dem restlichen Nachhauseweg einem anderen Adressaten weitergegeben wurde – Hauptsache, man war davon befreit. Die „Nachtpatsche" soll ihrem Ursprung nach ein germanischer Ritus für Erwachsene gewesen sein. Unsere Vorfahren hatten damals die dunkle Vorstellung, es seien mit dem zuerst erhaltenen Schlag für sie schädliche Folgen verbunden. Durch Zurückgeben des Schlages konnte man sich von diesem lösen.

Kurz gestreift seien auch die früher im Landkreis üblichen Familienbräuche. „Pannestielchen" und „Rosenblättchen" waren die Namen für Knaben und Mädchen vor der Taufe. In Mutterstadt war einstens der „Handstreich" Sitte. Wenn sich ein junger Mann von auswärts ein Mädchen aus besagter Gemeinde zur Lebensgefährtin erkor, hatte er bei der Verlobung „Handgeld" zu entrichten, das von zwei Burschen erhoben wurde. Diese traten am Verlobungsabend vor das Brautpaar hin, der eine mit einer Flasche Wein und einem Trinkglase, der andere hielt folgende Ansprache:

„Wir haben gehört, es ist Handstreich da,
und wie wir sehen, ist es wahr.
Wer in einen fremden Garten will gehen und Rosen brechen,
der muß auch leiden, daß ihn die Dornen stehen.
Vier, fünf Gulden ist nicht viel,
zehn, zwölf wär das rechte Ziel.
Kamerad, schenk ein, ein volles Glas Wein,
das soll dem Brautpaar zur Gesundheit sein!"

Der Flaschenträger schenkte jetzt ein Gläschen Wein ein und brachte es dem Brautpaare dar. Die Gratulanten wurden nun zum Sitzen und Trinken eingeladen. Tranken sie vor dem Brautpaare oder setzten sie sich, so war der Bräutigam nicht verpflichtet, „Handgeld" zu geben. Gewöhnlich spendete er aber ein erkleckliches Sümmchen, das dann in fröhlichem Gelage mit den Kameraden verjubelt wurde.

In den Ortschaften um Frankenthal ging es bei Hochzeiten seit eh und je geräuschvoll zu, denn die Burschen schossen und böllerten zu Ehren des Brautpaares, was das Zeug hielt. Nebst dem Spaß an der Freud' könnte in dieser Gepflogenheit noch eine Spur vorchristlichen Aberglaubens zu finden sein, denn unseren heidnischen Altvorderen konnte es in solchen Momenten nicht laut genug zugehen. Um böse Geister und Dämonen zu vertreiben, gab es für sie kein wirksameres Mittel als Höllenlärm.

Bei weitem lieblicher war der Hochzeitsbrauch, der, wie eine Legende anmutend, einstens in Altrip gepflegt wurde. Nach der kirchlichen Trauung begaben sich Brautpaar und Hochzeitsgäste zum Rheinufer. Die Braut streute Blümchen über das Wasser, als wolle sie es in seiner Unberechenbarkeit besänftigen und gnädig stimmen. Der Bräutigam warf, so weit wie möglich, einen Kieselstein, der in den Fluten versank. Er wollte damit Mut und Stärke beweisen, die der Kampf mit dem Fluß von ihm fordert. Dann sprachen beide:

„Oam Rhoi sinn mer gebore,
des Rhoi gibt uns das Brot,
oam Rhoi sinn mer getraut -
bis in de Tod."

Einen dichten Kranz wanden die Bräuche seit eh um den Jahresfestkreis. Sternsinger, hervorgegangen aus den, auch in unserem Gebiet früher üblichen, Dreikönigsspielen, ziehen wie auch die Ratschen-Buben in der Karwoche von Haus zu Haus, um nach Gesang und Spruchaufsagen Gaben zu sammeln. In der Vergangenheit erheischten die Bittgänger Geld und Naturalien. Gegenwärtig wird der Erlös aus diesen Aktionen meist wohltätigen Zwecken zugeführt. Fasnachtsküchlein, Aschenkreuz, Sommertag, Ostern mit Eiern und Hasen als Fruchtbarkeitssymbole, Hexennacht und Maien, zu Beginn des Wonnemonats vom Freier der Auserwählten an die Tür gesteckt, sind uns als Bräuche auch heute nicht fremd. Die Zeiten, als in Fußgönheim neben dem Pfingstochsen auch Pferde, Kühe, Rinder, Ziegen und sogar Hunde mit Blumen und Grün geschmückt durchs Dorf geführt wurden, sind jedoch längst dahin. Durch den Strukturwandel erlitt auch der Würzwisch zu Mariä Himmelfahrt Einbußen. Er bedeutete für unsere Vorfahren nicht nur ein Stück Naturapotheke, er galt auch als Abwehrmittel gegen Blitz und sonstiges Unheil. Die Zusammensetzung des Würzstraußes war von Ort zu Ort verschieden. Mit etwa sechzig Pflanzen im Bündel kann der Waldseer Wisch als der Vielfältigste im ganzen Kreisgebiet angesehen werden. Erntebraten, Kirchweih und Martini mit obligatem Gansessen und Dienstbotenwechsel waren die wichtigsten Herbstfeste von altersher. Die Einführung des Erntedanksonntags ist jüngeren Datums. Im November trieb an neblig-dunklen Abenden in den Dörfern um Ludwigshafen das Martiniweibel als Vorbote von Christkind und Pelznickel (Nikolaus) sein Unwesen. Als Weihnachten und Neujahr in Sicht waren, stellte man in diesem Raume als eßbaren Glückwunsch für Wachstum und Gedeihen der Patenkinder schon vor mehreren hundert Jahren in häuslichen wie gewerblichen Backstuben die „Christdeihe" aus einem schweren, gehaltvollen Hefeteig her. In Dudenhofen, Hanhofen und Harthausen hatte das Gebäck bei unterschiedlicher Verzierung die Form eines Hornes oder Halbmondes. In Rödersheim und Gronau stand zu diesem Backwerk der Feuerstahl, dessen Name es auch trug, Modell, und in Böhl-Iggelheim hält man es heute noch so mit den Neujahrswecken, die einer Schellenkappe gleichen und anderswo auch Bubenschenkel geheißen werden.

Geselligkeit wird groß geschrieben bei der Kerwe oder anderen Volksfesten.

ÜBER DIE GRENZEN...
PARTNERSCHAFT DES LANDKREISES MIT SÜDTIROL

Fünfundzwanzig Jahre besteht die Partnerschaft zwischen dem Landkreis Ludwigshafen und Südtirol, genauer gesagt, den Südtiroler Gemeinden Naturns, Schnals, Schlanders und Martell im Jahre 1989. Zahlreiche Pfälzer haben seither, veranlaßt durch die Partnerschaft, Südtirol und die Partnergemeinden kennen und lieben gelernt, haben dort ihren Urlaub verbracht, liebe Menschen, Freunde und gute Bekannte gefunden, mit denen sie dauerhaft in Verbindung blieben. Wenn Besuch aus Südtirol in die Pfalz kommt, werden die Freunde bereits am Omnibus abgeholt; fast ist es zuviel der freundlichen Fürsorge! Für nicht wenige Pfälzer ist der Urlaub in Südtirol, im Frühling, im Sommer, im Herbst und im Winter, zur lieben Gewohnheit geworden. Es gibt für viele gar kein anderes Urlaubsziel. Man fühlt sich dem Land und seinen Menschen herzlich verbunden und kehrt meist sogar im selben Haus ein, wo man „seinen Platz" hat, mit den Einzelheiten vertraut ist, weiß, wo der Speck hängt, wo der Wein liegt, das Brot. Man kennt die Leute in der Nachbarschaft, im Dorf, und sie kennen einen umgekehrt auch. Die Partnerschaft ist in den Herzen vieler Menschen diesseits und jenseits der Alpen verankert, und die privat-persönlichen Bindungen sind intensiver als die offiziellen, die am Anfang der Partnerschaft standen. Viele Pfälzer sind begeisterte Freunde Südtirols, dem Charme des Landes gleichsam „verfallen". Wie hat es doch ein Schriftsteller unserer Tage formuliert: „Es gibt Landschaften von herzbewegender Schönheit. Wer ihnen einmal begegnet, aufgeschlossenen Sinnes, verfällt ihnen. Er trägt hinfort seinen Kummer und seine Freuden zu ihnen, in der Sicherheit, dort Verständnis zu finden und Trost und Widerhall jeglicher Fröhlichkeit." Es gibt viele Freunde Südtirols in der Pfalz, die wohl ähnliches von ihrem Empfinden, ihrer Liebe zum Land am Eisack, vom „Siegmundskron der Etsch entlang bis zur Salurner Klaus" sagen könnten.

Die Partnerschaft hat also ein wichtiges Ziel erreicht, vielfältige persönliche Bande geknüpft, Menschen miteinander in Verbindung gebracht, und die Gründer der Partnerschaft haben Anlaß zu rechtschaffener Genugtuung und Freude.

Die Partnerschaften des neuen Kreises Ludwigshafen sind übrigens von den früheren, späterhin in der Verwaltungsreform 1969 vereinigten Landkreisen Ludwigshafen und Speyer begründet worden. Der frühere Landkreis Ludwigshafen war mit Naturns und Schnals verschwistert, der Landkreis Speyer mit Schlanders und Martell. Der Partnerschaftsvertrag zwischen dem Kreis Ludwigshafen, den Gemeinden Naturns und Schnals ist von dem früheren Landrat Dr. Hermann Scherer, vom Naturnser Bürgermeister Wilhelm Debiasi und dem damaligen Ortsvorsteher, dem heutigen Vizebürgermeister der Gemeinde Schnals, Johann Rainer, am 24. Oktober 1964 unterzeichnet worden. Bei der Begründung der Partnerschaft zwischen dem ehemaligen Kreis Speyer unter Landrat Otto Johann und den Gemeinden Schlanders (Bürgermeister Jakob Lechtaler) und Martell (Bürgermeister Heinrich Janser) ist keine Beurkundung erfolgt.
In der Urkunde vom 24. Oktober 1964 heißt es, daß der Kreistag und die jeweiligen Gemeinderäte die „Verschwisterung von Naturns und Schnals mit dem Landkreis Ludwigshafen am Rhein" beschlossen haben mit dem Ziel:

„Durch Pflege freundschaftlicher Beziehungen ... der Zusammenarbeit zwischen Italien und Deutschland zu dienen und damit zur Sicherung einer glücklichen Zukunft in einem friedlichen, vereinten Europa beizutragen":

Das war eine weit in die Zukunft gerichtete Perspektive, Partnerschaft als Baustein zu einem vereinigten Europa.

Es soll nicht verschwiegen werden, daß die Väter der Partnerschaft auch die Absicht hatten, eine dauerhafte Verbindung Südtirols zu einer deutschen Landschaft und zur deutschen Kultur zu schaffen, weil sie – aus damaliger Sicht nur zu verständlich – im großen, zentral regierten Italien auch Gefährdungen befürchteten. Die Sicherung der Autonomie Südtirols im italienischen Staat war damals ein zunächst wenig realistisches Fernziel. Wer die politische Situation Südtirols Ende der achtziger Jahre betrachtet, muß einräumen, daß die Autonomie de facto erreicht, wenngleich de jure der Schlußpunkt noch nicht gesetzt worden ist.

So erfreulich die Tatsache ist, daß die Partnerschaft zum persönlichen Anliegen von Pfälzern und Südtirolern geworden ist, daß sie insoweit dauerhaft Bestand haben wird, muß eine Betrachtung fünfundzwanzig Jahre nach ihrer Begründung auch die Schwierigkeiten in den gegenseitigen, insbesondere den offiziellen Beziehungen ansprechen. Sie sind in der Tat vorhanden, und sie sind teilweise auch erklärlich. Die politischen, die wirtschaftlichen, die sozialen Verhältnisse haben sich nämlich überall in der Welt, auch

Die herrlich gelegenen Partnergemeinden Südtirols sind gern besuchte Urlaubs- und Besuchsziele der Menschen aus unserem Landkreis.

in Deutschland und in Südtirol seit den Gründungsjahren grundlegend verändert. Die in den Anfangszeiten nützlichen oder notwendigen Hilfen sind heute nicht mehr nötig. Was Südtirol angeht, gibt es natürlich nach wie vor spezielle Probleme verschiedenster Art, Probleme kultureller, sozialer, wirtschaftlicher, politischer Art, aber es hat sich insgesamt ein breiter, respektabler Wohlstand eingestellt, der allenthalben seinen Tribut gefordert hat. Man begegnet sich weiterhin freundlich, man hält die Partnerschaft nach wie vor für wichtig, aber offenbar nicht mehr für so notwendig wie am Anfang. Es gibt auch Enttäuschungen, weil manches nicht so gelaufen ist, wie man es sich gewünscht hätte. Die sogenannte „Untervinschgauer Entwicklungsgenossenschaft" ist aufgelöst worden und der als Rechtsnachfolger gegründete „Hilfsverein" konnte bisher – aus welchen Gründen auch immer – nicht sonderlich viel bewirken.

Im Gegensatz zu den privaten, persönlichen Verbindungen, die sich auf der Grundlage der Partnerschaft entwickelt haben, ist die Bilanz im Bereich des Offziellen nicht ganz befriedigend. Partnerschaft lebt von den persönlichen Beziehungen, und sie darf sich nicht auf offzielle Kontakte beschränken, wie es bei anderen Partnerschaften bisweilen zu sein scheint. Es stimmt jedoch auch, daß Partnerschaft das Offizielle braucht, die Hilfe der Mandatsträger, auch die regelmäßigen, offiziellen Begegnungen der Verantwortlichen, sie ist kein Selbstläufer. Der Kreistag, der Kreisausschuß, der Landrat, auch die Gemeinderäte und die Bürgermeister Südtirols und der Pfalz müssen sich die Zeit für regelmäßige Kontakte nehmen, auch für festliche Begegnungen, bei denen Partnerschaft neue Orientierung erfährt, neue Impulse, neue Kraft. In der Partnerschaftsurkunde des Jahres 1964 ist bereits erwähnt worden, daß vor der „offiziellen Verschwisterung" über einen Zeitraum von drei Jahren „Trachtenkapellen und Sportvereine des Landkreises und der Gemeinden Naturns und Schnals sich gegenseitig „besucht und Brücken geschlagen haben".

Die Gemeinden Dudenhofen und Martell haben vor einer Reihe von Jahren eine eigene Partnerschaft begründet, die in allen Bereichen, im Privaten und Öffentlichen recht lebendig ist. Man würde sich wünschen, daß dieses gute Beispiel Schule macht.

Die Partnerschaft hat auch heute noch Sinn. Sie ist ein Stück europäischer Gemeinsamkeit, Baustein eines vereinigten Europas. Sie ist darüber hinaus Chance, das eigene Land, die eigene Heimat, ihre Geschichte, ihre Kultur besser zu verstehen; denn in der Begegnung mit andern lernen wir uns selbst erkennen und verstehen. Insbesondere jungen Menschen kann man nur nachhaltig empfehlen, die gebotenen Möglichkeiten zu nutzen.

JUMELAGE, JUMELAGE...
DIE PARTNERSCHAFTEN DER GEMEINDEN

Etwa die Hälfte der Gemeinden des Landkreises haben ein Partnerschaftsverhältnis mit Gemeinden außerhalb unserer Grenzen. Bis auf die Partnerschaft Dudenhofen – Martell (Südtirol) – liegen alle anderen Partnerorte in Frankreich, ein großer Teil davon in Burgund.

Es ist reizvoll, den Wurzeln der beiderseits verwendeten Worte „Partnerschaft" und „jumelage" nachzugehen. Der „Partner" – in unserem Sprachgebrauch etwa ein Teilhaber, ein Genosse, ein Mitspieler oder ein Gegenspieler – dieses Wort haben wir Deutsche für dieses Verhältnis gewählt. Das französische Wort „jumelage" hat einen anderen inhaltlichen Hintergrund; es leitet sich aus dem französischen Begriff „Zwilling" ab. Die Franzosen haben für Partner das Wort „partenaire"; aber sie sprechen von „jumelage", verbinden also einen anderen Gedanken mit der Institution Partnerschaft, etwas wie Verschwisterung.

Genug der sprachforschenden Philosophie. In jedem Fall handelt es sich um ein Geflecht freundschaftlicher Beziehungen zwischen Gemeinden und Menschen verschiedener nationaler Zugehörigkeit, ein erfreuliches Ergebnis und ein Durchbruch von Vernunft.

Römerberg und Limburgerhof haben schon 1973 mit ersten freundschaftlichen Kontakten begonnen. Limburgerhof mit der burgundischen Gemeinde Chenôve, und Römerberg mit Mainvilliers, zwischen Paris und Orléans. Die offiziellen Partner-Urkunden sind etwas später unterzeichnet worden. In Römerberg hat man einem Platz im Ortsteil Berghausen 1977 den Namen Mainvilliers-Platz gegeben. Die Gemeinde Limburgerhof nutzte die Neugestaltung des Ortszentrums und den Neubau des Rathauses mit Kultursaal und Geschäftszentrum dazu, den Platz vor und die Straße entlang des repräsentativen Neubaus den Namen der Partnergemeinde Chenôve zu geben. 1974 begannen die Beziehungen zwischen Waldsee und Ruffec in der Charente, der Heimatregion des Cognac. Auch in Waldsee hat man die Umgestaltung des Ortskerns als Gelegenheit gesehen, dem neuen Platz den Namen Ruffec-Platz und einer Straße ebenfalls den Namen der Partnergemeinde zu geben. Harthausen hat 1976 Verbindung zu Uchizy (Burgund) aufgenommen, die 1978 zum Abschluß einer jumelage geführt hat. Aus Anlaß des zehnjährigen Jubiläums wurde ein Platz im Herzen des Ortes in „Uchizy-Platz" umbenannt. Bemerkenswert ist die im Jahre 1978 begonnene und im Mai 1979 besiegelte Partnerschaft von Altrip, das in Lothringen einen Ort gleichen Namens, Altrippe, gefunden hat, zunächst im sportlichen Austausch – inoffiziell. Die beiden Bevölkerungen haben es mit der Aussprache des jeweils anderen Namens von allen am leichtesten. Um diese jumelage ist es neuerdings stiller geworden.

1979 haben freundschaftliche Beziehungen zwischen Bobenheim-Roxheim und Chevigny-Saint-Sauveur angefangen, die 1980 zu einer offiziellen Partnerschaft geführt haben. Zu ihrem fünfjährigen Jubiläum wurde die neue Festhalle in Bobenheim-Roxheim „Burgundhalle" getauft.

Lambsheim hat sich im Jahre 1983 mit der 150 km südlich von Paris gelegenen Gemeinde Saint-Georges-sur-Baulches verschwistert. Sowohl hier wie dort wird über die Ehrung der jumelage durch die Namensgebung eines repräsentativen Bauwerks nachgedacht. Im gleichen Jahr haben die Verbandsgemeinde Maxdorf und Longvic (Burgund) offiziell eine Partnerschaft abgeschlossen. 1988 wurde in Maxdorf aus Anlaß des Jubiläums der Longvic-Platz getauft. Über die seit den sechziger Jahren bestehende Freundschaft unter Handballern existiert eine freundschaftliche Verbindung zwischen Böhl-Iggelheim und Wahagnies in Nordfrankreich, die wohl eines Tages zum Abschluß einer offiziellen Partnerschaft führen dürfte.

Was diese Partnerschaften, deren größte Bedeutung Freundschaften zwischen Menschen ist, auszeichnet, ist die Überwindung von ehedem verhängnisvollen Konflikten, die – vielleicht – zu vermeiden gewesen wären, hätten sich die Menschen diesseits und jenseits der Grenzen vier oder fünf Generationen früher kennengelernt. Ein Lichtblick nach dem Chaos und dem europäischen Neubeginn nach 1945!

Genau zehn Jahre danach – 1955 – hat sich eine Partnerschaft anderer Art angebahnt, die erst zwanzig Jahre später mit Brief und Siegel versehen wurde. Die Gemeinde Dudenhofen, damals noch selbständig, hat 1955 erste freundschaftliche Beziehungen zu der Südtiroler Gemeinde Martell aufgenommen, die am 5. Oktober 1975 als Partnerschaft besiegelt worden sind. Wie in dem Beitrag über die Partnerschaften des Landkreises Ludwigshafen mit vier Nachbargemeinden von Martell angeführt, haben diese Freundschaften zu deutschsprachigen Gemeinden in Südtirol eine besondere Qualität. Partnerschaft mit einer eminent existentiellen Qualität!

ALTRIP

Die Grundschüler in Altrip dürften in weiter Umgebung die Kinder sein, die am frühesten mit Latein in Kontakt kommen! „Alta ripa" wird ihnen wohl schon in sehr jungen Jahren erklärt, lange ehe davon gesprochen wird, daß ein römischer Kaiser Flavius Valentinian I. im Jahre 369 das Kastell „Alta ripa" gegründet hat. Dieser lateinische Name ist fast unverändert über die Zeitläufe erhalten geblieben. Altrip ist somit genau 1600 Jahre älter als der Landkreis Ludwigshafen und hat eine sehr bewegte Geschichte mitgemacht.

Ein unberechenbarer Partner in dieser Geschichte Altrips ist der Rhein, der vor der Tulla'schen Regulierung im vorigen Jahrhundert „sein Bett" mal hierhin, mal dorthin gelegt und den Bewohnern der Ufergemeinden viel Kummer bereitet hat. Im Landkreis zeigt so manche Hochwassermarke an Häusern an, welche Schrecken er den Menschen bisher eingejagt hat. Die Hochwasser vom 31.12.1882 auf 1.1.1883 mit einem Pegelstand von 9.02 m und vom 17.1.1955 mit Stand 8.78 m waren für die Bürger Katastrophen. Als Konsequenz wurde 1960–63 der Hauptrheindamm großzügig erhöht und verstärkt. So können Altrips Bewohner jetzt ruhiger schlafen als zuvor.

Schon früh erwuchs Altrip ein großer Sohn, Regino, der spätere Abt des Klosters Prüm. Er wurde, wie Historiker annehmen, im Jahre 840 in Altrip geboren, trat in die Benediktiner-Abtei Prüm ein, deren Vorsteher er von 892–899 war. Neben einem Werk über den Kirchengesang seiner Zeit und einem weiteren über kanonisches Recht trat Regino mit der ersten Weltchronik hervor, die in Deutschland verfaßt worden ist. Sie wurde ein vielgelesenes Buch, das als eines der ersten Werke des frühen Mittelalters gedruckt worden ist. Die erste Ausgabe erschien 1521 in Mainz. Regino starb 915 in Trier, wo er seine letzten Lebensjahre verbracht hatte. Ein Denkmal vor der protestantischen Kirche erinnert noch heute an ihn.

Zu der frühen Geschichte Altrips gehört die Boot- bzw. Fährverbindung zum rechten Rheinufer, nach Nekkarau, das so alt wie Altrip ist. Das „Fährrecht" erhielt Altrip 1898. Ältere Leser werden sich noch an die Gierfähre erinnern, die am Längsseil befestigt, durch die Strömung hin oder her bewegt wurde. Diese Technik störte den stetig zunehmenden Schiffsverkehr auf dem Rhein mehr und mehr. So wurde am 25. Februar 1958 eine Fähre mit eigenem Motor in Dienst gestellt, die seither den Austausch zwischen dem linken und dem rechten Ufer bewältigt.

Das Entstehen von Industriebetrieben im Umland bescherte den Altripern eine ganz neue Existenzgrundlage. Den Fischerkahn vertauschte man mit dem Fahrrad nach Mannheim und Ludwigshafen, um dort als Arbeiter oder Angestellter sein Geld zu verdienen. Fast nahtlos ging das eine in das andere über. Der Begriff des „Pendlers" entsteht. 1855 zählte Altrip 770 Bewohner, 1905 waren es schon 1960, im Jahre 1950 war die Zahl 3683 und 1970–5400, heute sind es etwas mehr als 6400 Einwohner in Altrip.

Diese Zahlen sprechen für sich. Die verschiedensten Gesichtspunkte führten dazu, daß viele Beschäftigte aus den Industriestandorten ihren Wohnsitz in Altrip suchten. Die Nähe zur Großstadt war ebenso ein Anreiz wie die günstige Badegelegenheit.

Altrip hat sich sowohl die Ortserweiterung als Wohngemeinde angelegen sein lassen als auch den Ausbau des umfangreichen Naherholungsgebietes innerhalb der zahlreichen Altrheinarme und Baggerweiher. Stadt und Landkreis Ludwigshafen haben gemeinsam Erholungsflächen und Badestrände an der sog. „Blauen Adria" samt der erforderlichen Begleiteinrichtungen geschaffen und finanziert. So hat der „alte Rhein" den Anwohnern am „neuen Rhein" in dem großen Ballungsgebiet Ludwigshafen-Mannheim-Speyer vielfache Erholungsmöglichkeiten geschaffen, die gerne und ausgiebig genutzt werden.

An Maßnahmen zur Hebung des Wohnwertes hat Altrip viel getan; so wurde ein Jugend- und Vereinszentrum und ein Feuerwehrgerätehaus gebaut und mehrere Kinderspielplätze angelegt. Die Ortskernsanierung und die sehr erwünschte Verkehrsberuhigung sind im Gange, aber noch nicht abgeschlossen. Zur Entlastung des Durchgangsverkehrs wurde vom Kreis eine Ortsumgehung (K 13) gebaut.

Die Gewerbezone wurde erweitert und ist auch schon von mehreren neuen Betrieben besiedelt worden. Zur Sicherung der Trinkwasserversorgung wurde ein zweiter Tiefbrunnen niedergebracht, und zur Entsorgung der Abwässer hat sich Altrip an die Großkläranlage der BASF angeschlossen. Für die Hobbygärtner wurde eine Kleingartenanlage eingerichtet.

So haben die Gemeinde und der Landkreis vieles für die Wohnlichkeit des Ortes getan und damit auch viele Neubürger angezogen. Zusammen mit den Alteingesessenen wird jeden Sommer das traditionelle Fischerfest gefeiert. Die Altriper Bürger sind sehr rege

Altrip: Albert-Schweitzer-Schule, Wasserturm und Fachwerkhaus Ludwigstraße 33.

und pflegen auf sportlichem Gebiet verschiedenartige Interessen. Bekannt sind die Internationalen Sandbahnrennen von Altrip, der ,,Athleten-Club Altrip" stellte in den letzten Jahren in verschiedenen Altersgruppen mehrere deutsche und internationale Meister, darunter einen Weltmeister, und der Kanu-Club errang deutsche und Landesmeisterschaften sowie eine Vize-Weltmeisterschaft.

So hat sich Altrip in 1620 Jahren von einem kleinen Römerkastell über ein bescheidenes Fischerdorf zu einem stattlichen Gemeinwesen entwickelt, das seine geografische und topografische Lage zu nutzen weiß. Man kann dort wohnen – in der Natur – nahe am Wasser – nahe den Großstädten – nahe umfangreichen Naturschutzgebieten, kurzum, man liegt abseits und doch mittendrin. Die Gemeinde erschließt neue Baugebiete, fürs Wohnen und für Gewerbe, alles in allem ein Ort mit Schwung, trotz des hohen Alters jung geblieben.

Die Gemeinde pflegt freundschaftliche Kontakte zu dem lothringischen Ort Petit-Réderching nahe Bitsch. Mit dieser Gemeinde erfolgt seit 1981 ein reger Austausch von Vereinen, Jugendlichen und Senioren.

BOBENHEIM-ROXHEIM

Bobenheim und Roxheim, durch die Verwaltungsreform 1969 zur Großgemeinde „Bobenheim-Roxheim" zusammengeschlossen, bilden gewissermaßen „den Nordpol" des Landkreises Ludwigshafen. Urkunden des Klosters Lorsch weisen im Jahre 768 Babenheim – erst seit dem 16. Jahrhundert Bobenheim – und 775 Rochesheim nach. Somit besitzen die beiden Gemeinden eine Alterspatina, auf die nicht nur kleine Dörfer, sondern auch große Städte im allgemeinen sehr stolz sind.

Jahrhundertelang war Roxheim von den Fluten des Rheines bespült; in stetem Umbruch veränderte er immer wieder die Landschaft. Roxheim wurde vor dem Jahre 1503 zum Platz für eine Rheinschiffahrtsstation. Bis zur Fertigstellung des Frankenthaler Kanals (1777) war hier der einzige geschützte Landungsplatz der Gegend. An dieser Stelle legten im Sommer 1562 zwei Schiffe mit niederländischen Glaubensflüchtigen an unter der Führung ihres Pfarrers Petrus Dathenus, denen der pfälzische Kurfürst Zuflucht gewährte.

Als Schiffahrtsstation behielt Roxheim noch lange seine Bedeutung, bis nach Änderung des Rheinlaufs nur noch ein Altrheinarm übrig blieb, der noch heute durch einen Kanal mit dem Rhein verbunden ist. Die Nähe des Stroms brachte den Bewohnern immer wieder Unglück durch Überschwemmungen. Zur Katastrophe wurde die große Flut im Winter 1882/83 für Roxheim und Bobenheim. Noch heute zeigen Markierungen an alten Häusern die damaligen Hochwasserstände an.

Bobenheim lebte von jeher von der Landwirtschaft, in früheren Jahren von Ackerbau und Viehzucht, in heutigen Zeiten eher vom Anbau von Gemüse. Dagegen war Roxheim seit altersher ein Fischerdorf. Die Fanggründe hatten Roxheimer und Lampertheimer Fischer gepachtet. Wen wundert's, daß sich eine Fischerzunft gebildet hat. Aber auch diese konnte nicht verhindern, daß schon im vorigen Jahrhundert der Altrhein so stark verschmutzt wurde, daß die Erträge aus der Fischerei nach und nach zum Erliegen kamen.

Wegen ihrer verkehrsgünstigen Lage entwickelten sich beide Ortsteile, die wie durch ein Wunder von Unheil und Verwüstung des Zweiten Weltkrieges verschont geblieben sind, zu einer aufstrebenden Wohngemeinde und einem gesuchten Gebiet für Industrie und Gewerbe. Auf der „grünen Wiese" entstand ein gut florierendes Handelszentrum. Im Süden von Roxheim wurde in der Köst und im Baugebiet Südwest ein größeres Industrie- und Gewerbegebiet erschlossen, auf dem sich namhafte Betriebe angesiedelt haben; darunter sind einige Firmen, die aus dem Ortskern weggezogen sind, um dort einer Wohnbebauung Platz zu machen. Die Verringerung des Fahrzeugverkehrs im Inneren der Orte ist dabei eine erwünschte Nebenwirkung. Die erhebliche Verkehrsbelastung auf der Ortsdurchfahrtsstraße B 9 ließ sich durch den Bau der Umgehung Worms – Pfingstweide – Ludwigshafen/Nord entschärfen. 1988 wurde diese alte B 9 zwar zu einer Landesstraße (523) herabgestuft, trägt aber noch immer ein gerüttelt Maß an Durchgangsverkehr.

Zur Zusammenführung der beiden ursprünglich selbständigen Gemeinden wurde in der Mitte zwischen beiden ein neues Gemeindezentrum konzipiert. Vieles ist schon verwirklicht, das Rathaus, die Sporthalle – „Burgundhalle" benannt –, das Feuerwehrgerätehaus, vier Kindergartengruppen (in kirchlicher Trägerschaft), ein Ärztehaus. Aus dem alten Rathaus entstand ein Heimatmuseum. Da ein Zentrum von und mit bewohnter Umgebung leben soll, ist zugleich eine Wohnbebauung geplant und zum Teil schon verwirklicht worden. Da für diesen Zweck ein großes Areal ehemaligen Ackerlandes umgewidmet worden ist, ist diese Konzeption groß und weitläufig. Vieles ist schon gebaut, mehr noch auf dem Papier geplant. Allmählich mausert sich ein ganz neuer Ortsteil und bietet Neu- oder Altbürgern Wohnraum in einer freundlichen und naturnahen Umgebung.

Für Kinder und Jugendliche mußte einiges investiert werden. So wurden Spiel- und Bolzplätze eingerichtet, ein Schulhaus neu gebaut und die vorhandenen Grundschulen (insgesamt 18 Klassen) renoviert und modernisiert.

Knapp 13 % des Gemarkungsgebietes sind Wasserflächen. Als Naherholungsgebiete sind sie von den Wassersportlern in breitestem Umfang geschätzt, nicht nur von Ortsansässigen, sondern sehr stark von „Pendlern". An Ufergebieten wurden von interessierten Bürgern drei Naturschutzgebiete eingerichtet, in denen viele Pflanzen- und Vogelarten ein sorgsam gehegtes Rückzugs- und Lebensgebiet finden. Mit Wasser muß sich die Gemeinde in dreifacher Hinsicht befassen: Zunächst: Das Abwasser pumpt man in die nahe BASF-Kläranlage, die alles weitere besorgt. Dann das sogenannte Oberflächenwasser, als Zwischenlager bei Unwettern wurden drei große Regenrückhaltebecken gebaut,

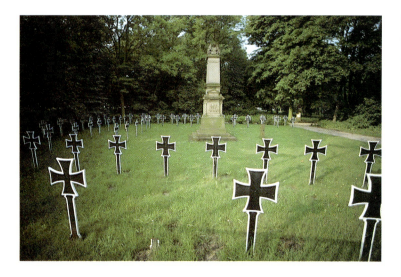

Bobenheim-Roxheim: Ehrenfriedhof in Roxheim; katholische Pfarrkirche Roxheim; Wochenmarkt auf dem Rathausplatz; am vorderen Roxheimer Altrhein.

nicht billig, aber beruhigend! Drittens sind im Altrhein ganz erhebliche Verschmutzungsprobleme aufgetreten („Kloake der Vorderpfalz" war leider nicht übertrieben), deren Lösung Landkreis und Land finanziert haben. Dem Erholungswert der Gemeinde widmet diese mit eigenen Maßnahmen und Investitionen große Aufmerksamkeit; es ist ein Teil ihrer weiteren Planung.

Eine „lebendige" Gemeinde stützt sich auf „aktive" Mitbürger. Ehrenamtliches Engagement in Vereinen und Organisationen spielt in allen dörflichen Gemeindenwesen eine ganz wesentliche Rolle, so auch bei den 64 Vereinen in Bobenheim-Roxheim. Zwei Sportvereine begingen 1988 ihr 80-jähriges Bestehen. Auf einen Mitbürger kann die Dorfgemeinschaft besonders stolz sein: Siegmar Henker, der trotz einer Querschnittslähmung seit vielen Jahren aktiv Sport treibt und ungeachtet seines Handicaps als Leichtathlet an deutschen, Europa- und Weltmeisterschaften und an vier Behinderten-Olympiaden teilgenommen und in Seoul 1988 eine Goldmedaille im Fünfkampf errungen hat. Es war seine zehnte Goldmedaille!

Die Tanzgarde des Bobenheimer Carneval-Clubs macht seit langem von sich Reden, zuletzt bei den Europameisterschaften. Der Roxheimer Carneval-Club, die „Altrhoischnooke", feierte 1988 sein 33-jähriges Bestehen.

Neben dem Sport gilt das Interesse vieler Bürgerinnen und Bürger Kultur und Brauchtum. Die Chorgemeinschaft 1844 Roxheim lädt alljährlich im Juni zusammen mit dem katholischen Kirchenchor Roxheim und dem bekannten Kurpfälzischen Kammerorchester Mannheim, zu einer „Serenade am Altrhein" ein, einem anspruchsvollen und mit viel Liebe erarbeiteten Konzert.

"Kunst und Kultur in Bobenheim-Roxheim" heißt eine Veranstaltungsreihe, die über den Ort hinaus Beachtung findet. Unterstützt von der Kreisverwaltung finden regelmäßig Ausstellungen, wie auch musikalische und literarische Darbietungen statt.

Der schon zuvor erwähnte Roxheimer Altrhein bietet seit 1951 die Kulisse für ein überregional geschätztes, volkstümliches Fest, das Roxheimer Gondelfest. Von einer echten venezianischen Gondel, die allerdings die Jahre nicht überstanden hat, bekam damals das Fest laut Professor Georg Biundo den Namen „Venedig am Altrhein". Den könnte es jetzt wieder bekommen, denn 1989 wird erneut eine venezianische Gondel in Betrieb genommen und getauft. Ein anderes, für die Gemeinde typisches Fest feiert Bobenheim-Roxheim jeweils an Pfingsten, das „Bürgerfest". Nach dem Zusammenschluß der beiden Ursprungsgemeinden wurde es in der Absicht begründet, die beiderseitigen Bürger zusammenzuführen.

Bobenheim-Roxheim pflegt seit 1980 eine Partnerschaft mit der burgundischen Gemeinde Chevigny-Saint-Sauveur. Ihr zu Ehren wurde die Mehrzweckhalle im Gemeindezentrum in „Burgundhalle" umbenannt. Es besteht ein reger Austausch zwischen den Gemeinden.

Vieles ist erreicht, viele Projekte sind noch in Planung und sollen in den künftigen Jahren verwirklicht werden. Ein Sportstadion im Tiefgestade, ein Altenpflegeheim stehen ebenso auf dem Wunschzettel wie ein Bürgerhaus, in dem Kultur gepflegt und Feste gefeiert werden können. Ein Ortsentwicklungsplan für Bobenheim-Roxheim ist noch in Arbeit, der die Sanierung der Ortskerne voranbringen soll.

Die Gemeinde im Dreiländereck zwischen Rheinland-Pfalz, Hessen und Baden-Württemberg besitzt vielerlei Reize, die manchen Bauwilligen dazu veranlaßt, sich hier anzusiedeln.

BÖHL-IGGELHEIM

Die beiden bis zum 8. Juni 1969 selbständigen Gemeinden hatten in ihren frühen Jahren die gleichen unruhigen, ja kriegerischen Entwicklungen und Verwicklungen zu ertragen, wie die ganze Region, obwohl beiden um das Jahr 1100 die Würde von Reichsdörfern verliehen worden war. Gerade dieser Umstand geriet ihnen 1460 zum Verhängnis, als zwischen dem Kurfürsten Siegfried, dem Siegreichen von der Pfalz und den Grafen von Leiningen ein heißer Konflikt entstand, in dessen Verlauf beide Orte fast gänzlich vernichtet wurden. Der Kurfürst blieb Sieger in diesem Kampf und war von da an alleiniger Herr über die ,,Pflege Haßloch", zu der die beiden Dörfer gehörten. Noch heute ist eine gewisse Zusammengehörigkeit zwischen Böhl-Iggelheim und Haßloch vorhanden, obwohl sie verschiedenen Kreisen angehören.

Aber nicht nur Haß und Habgier der Mächtigen, auch die Pest tat das Ihrige, daß zum Beispiel im Jahre 1666 die Bevölkerung von Böhl und Iggelheim erneut hohen Tribut zollen mußte. Ein Wunder, daß auch die beiden Gemeinden aus der Asche wieder auferstanden sind und heute als Doppelgemeinde ein reges Leben führen.

Böhl, 780 erstmals urkundlich erwähnt, hat sich als Haufendorf entwickelt, in dem alte Fachwerkhäuser, liebevoll restauriert und gepflegt, den Eindruck von Wohnlichkeit und Heimatliebe vermitteln. Zum Lebensunterhalt trug in erster Linie die Landwirtschaft bei.

Iggelheim, 991 erstmals erwähnt, entwickelte sich zu einem Straßendorf. Auch die Iggelheimer betreiben Ackerbau, darunter schon früh den Anbau von Sonderkulturen wie Tabak, Hanf und Flachs; daneben spielte auch die Viehzucht eine Rolle. In Iggelheim hat sich der Anbau der Krapp-Pflanze als Träger des roten Farbstoffes gelohnt. Die genannten, selbst gezogenen Naturfasern wurden mit teilweise selbsterzeugten biologischen Farben in Iggelheim weiterverarbeitet, wovon eine komplette Schwarz-, Blau- und Schönfärberei im Heimatmuseum im alten, 1569 erbauten Rathaus Kunde tut.

Auch heute kann man sagen, daß in Böhl-Iggelheim etwas los ist. Hier entstand die erste Sozialstation im Landkreis, hier hat sich die größte Anzahl von Vereinen gebildet.

Obwohl Böhl-Iggelheim als typische Wohn- und Schlafgemeinde anzusehen ist, haben sich hier selbst Betriebe angesiedelt, die zum Teil über den Rahmen des Gewerbebetriebes hinausgehen. So kommen von hier die Fernsprechhäuschen (Firma Süd-Böhl) oder Lacke (Südwest Lacke & Farben). Aber auch die Erschließung von Baugebieten für private Bauherren, die aus den Ballungszentren heraustreben, hat die Gemeinde nicht aus den Augen verloren. Der zur Kommune gehörende große Waldbestand (der größte im Landkreis) bietet in sich schon Naherholungszonen; sie werden ergänzt durch den Niederwiesenweiher für die Badefreunde und den Kellmetschweiher, den man den Freunden des – stilleren – Angelsports vorbehalten hat. Der Vogelschutzpark an der Hanhofer Straße ergänzt das Naherholungsangebot auf seine Weise. An der Nordgrenze des Iggelheimer Waldes hat sich in den letzten Jahrzehnten rechts und links der Hanhofer Straße ein ausgedehntes Wochenendhausgebiet entwickelt.

Zwei Persönlichkeiten, deren Namen mit dem Dorf eng verknüpft sind, wären noch erwähnenswert: Jakob Heinrich Lützel, bedeutender Inspirator auf dem Gebiet der (Kirchen-)Musik, wurde 1823 in Iggelheim geboren und starb 1899 in Zweibrücken als Ehrenbürger dieser Stadt. Der erste pfälzische Kirchenchor, der ,,Evangelische Kirchenchor Zweibrücken", verdankte Lützel sein Entstehen im Jahre 1854. Lebendig ist auch das Andenken an Peter Gärtner, geboren 1812 in Mutterstadt und verstorben 1889 in Iggelheim, Politiker, Literat, Heimatkundler und jahrzehntelang Lehrer zu Iggelheim sowie Pate der Böhl-Iggelheimer Hauptschule.

Böhl-Iggelheim: Dorfstraße; typisches Pfälzer Fachwerkhaus; Heimatmuseum im alten Rathaus in Iggelheim.

VERBANDSGEMEINDE DANNSTADT-SCHAUERNHEIM

1972 wurde im Zuge der Verwaltungsreform in Rheinland-Pfalz die Verbandsgemeinde Dannstadt-Schauernheim gebildet, in der die vormals selbständigen Gemeinden Dannstadt, Schauernheim, Hochdorf, Assenheim, Rödersheim und Gronau zusammengefaßt worden sind. Die Gebietsreform 1969 hatte schon zur Bildung der drei Doppelgemeinden Dannstadt-Schauernheim, Hochdorf-Assenheim und Rödersheim-Gronau geführt. Als größte Ortsgemeinde wurde Dannstadt zum Sitz der Verbandsgemeinde-Verwaltung bestimmt.

An Infrastruktur war vieles notwendig, was inzwischen erreicht und in Betrieb genommen worden ist, so das neue Rathaus, ein Feuerwehrgerätehaus und eine zentrale Großkläranlage für die sechs beteiligten Gemeinden. Ferner waren Erschließungsstraßen in den Orten anzulegen.

Allerdings hat die Errichtung des Pfalzmarktes an der Gemarkungsgrenze zwischen Dannstadt und Mutterstadt die unangenehmen Dannstadter Verkehrsprobleme noch verstärkt, da von den zwei ursprünglich geplanten Autobahnanschlüssen einer bei Hochdorf nicht gebaut worden ist. Auf der großen Straßenkreuzung am Rathaus Dannstadt wurden 17 000 PKW-Einheiten pro Tag gezählt, was in den Stunden des Berufsverkehrs zu sehr unliebsamen Staus – bis zurück auf die Autobahn – führt. Die Verbandsgemeindeverwaltung bemüht sich um ein Planfeststellungsverfahren mit dem Ziel, eine grundsätzliche Änderung herbeizuführen. Für den sportlichen Bewegungsdrang haben die Bürger der Verbandsgemeinde eine Großsporthalle, die Kurpfalzhalle, bekommen. Auch für die Kinder wurde mit einer Reihe neuer und moderner Kindergärten und Spielplätze gesorgt. Hier bestehen ebenfalls noch Wünsche und Pläne für die nächsten Jahre. Bei der Kurpfalzschule in Dannstadt soll ein Kleinspielfeld mit Leichtathletikeignung eingerichtet werden. Die Schulhöfe sollen neu gestaltet werden, so daß sie auch zum Spielen am Nachmittag geeignet sind; am nötigsten haben es die Schulhöfe von Schauernheim und Rödersheim, die als erste bearbeitet werden sollen. Weiter plant die Verbandsgemeinde die Sanierung der Flachdächer der Kurpfalzschule und der Großsporthalle, die die erforderliche Undurchlässigkeit für Regenwasser erwiesenermaßen nicht aufweisen.

Neben Wohngebieten wurden auch Flächen für Gewerbebetriebe erschlossen und damit Voraussetzungen für Arbeitsplätze in der Verbandsgemeinde geschaffen. Das Neubaugebiet Mitte-Nord in Dannstadt-Schauernheim ist bereits erschlossen, in Mitte-Süd wird auch bald gebaut werden können. Natürlich bedeutet die Nähe der Ballungsräume, daß ein großer Prozentsatz der Bewohner der Verbandsgemeinde dorthin einpendelt, wie das bei allen kreisangehörigen Gemeinden der Fall ist.

Die Landwirtschaft spielt in dieser Verbandsgemeinde noch eine wesentliche Rolle – kein Wunder bei diesem fruchtbaren Vorderpfälzer Boden. 145 Vollerwerbsbetriebe überlebten. Eine große Bedeutung hat für die Landwirte der Anschluß an die Vorderpfälzer Beregnungsanlage, sowohl zur Abwehr der frühen Nachtfröste als auch zur Beschleunigung des Wachstums, so daß auch hier drei bis vier Ernten im Jahr die Regel sind. An manchem Haus liest man im Herbst ein Hinweistäfelchen auf die Hauptprodukte, Kartoffeln und Zwiebeln. Gleichrangig ist der Anbau von Gemüse zu erwähnen. Sogar Wein wird in den beiden westlichsten Gemeinden, Rödersheim-Gronau und Hochdorf-Assenheim, angebaut.

Sportliche wie kulturelle Aktivitäten werden in der Verbandsgemeinde von zahlreichen Vereinen gepflegt. Bei der Konzeption des Rathausneubaus wurden die Flure so groß bemessen, daß sie für Ausstellungen geeignet sind, die die Verbandsgemeinde selbst oder in Zusammenarbeit mit dem Kultur- und Heimatkreis durchführt. Dieses Angebot soll den Bürgern ihren Ort anregend und wohnlicher machen. Anläßlich der Einweihung des neuen Rathauses im Jahr 1980 wurde das „Radieselfest" aus der Taufe gehoben. Es findet seitdem jedes Jahr am dritten Wochenende im Mai statt und dauert von Freitag bis Montag. Seit 1981 wird am Montag des Festes ein großes Straßenradrennen gefahren, international besetzt.
Seit 1988 findet ein Mundartdichterwettbewerb statt, dessen Entscheidung jeweils am Freitag des „Radieselfestes" fällt.

Neben innerörtlichen Begrünungsmaßnahmen denkt man über einen Biotop-Vernetzungsplan nach, der von der Verbandsgemeinde initiiert werden soll; mit einem Feuchtbiotop, einer Streuobstwiese und der Wiederbepflanzung von Ackerrandstreifen wurde der Anfang dazu gemacht.

Dannstadt-Schauernheim

Vieles ist bereits gesagt. Dem neuen Friedhof, der einzurichten war, hat man den Charakter eines Parkfriedhofes gegeben, auch für die Lebenden als Stätte der Stille geeignet.

Für ein Bürgerhaus als Stätte von Vereins- oder Bürgeraktivitäten der Doppelgemeinde wurde ein Ideenwettbewerb durchgeführt.

Hochdorf-Assenheim

Für die beiden Dörfer ist eine Zone gemeinsamer Infrastruktur mit Einkaufszentrum und Praxisräumen für Ärzte in Planung, ebenso ein Ortsentwicklungsplan für das gesamte Gemeindegebiet.

Außerdem mußte in Hochdorf ein neues Gewerbegebiet am Ortsrand gebildet werden, um die Abwanderung von Betrieben zu vermeiden, die im Ortskern angesiedelt waren, dort aber heute als störend empfunden werden. Planung und Erschließung für diese Maßnahme, mit der Arbeitsplätze am Ort gehalten werden sollen, sind abgeschlossen.

Handball hat beim „TV Hochdorf" eine alte Tradition; mit dem „TB Assenheim" ist ein weiterer Verein vertreten, der insbesondere auch in diesem Sport sehr aktiv ist; deshalb wünscht man sich eine handballtaugliche Sportstätte anstelle einer Schulsporthalle, die zwar den Schulkindern, aber nicht den Trainingswünschen der Handballer gerecht wird.

Rödersheim-Gronau

Rödersheim ist das westlichste Dorf des Landkreises Ludwigshafen und Gronau eines der ältesten und kleinen. Bei Gronau kann an die im 14. Jahrhundert urkundlich erwähnte Burg Gronau erinnert werden, weil einer der Pächter des Hofgutes, der Mennonit David Möllinger eine Bewirtschafts- und Vermarktungsstrategie entwickelt hat, die ihrer Zeit weit voraus war und die ihm den ehrenden Namen „Vater des Pfälzer Ackerbaus" eingebracht hat. Die Burg ist verschwunden, aber der Pfälzer Ackerbau, die Landwirtschaft, auch der Weinbau spielen selbst heute eine Rolle in der Doppelgemeinde.

Für sie liegt ein Ortsentwicklungsplan vor, nach dem Dorfplätze und Ortskern nach heutigen Gesichtspunkten neu gestaltet werden sollen, wobei auch das eine oder andere nicht mehr erhaltungswürdige Haus abgetragen werden kann. Auch in Rödersheim-Gronau sollen für Gewerbebetriebe am Ortsrand „Gewerbehöfe" eingerichtet werden, die ihnen Ausdehnung und Entwicklung gestatten. Unbebaute oder freiwerdende Grundstücke im Ortsinnern werden für eine neue Bebauung vorgesehen, so daß eine Geschlossenheit des Ortsbildes erzielt wird.

Dannstadt-Schauernheim: Rathaus (oben); Sagenbrunnen in Schauernheim; Rathausplatz in Dannstadt; in Gronau (unten v.l.n.r.).

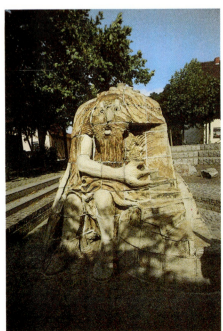

Katholische Kirche in Rödersheim (rechts), in Assenheim; Katholisches Pfarrzentrum (oben links), Hochdorf (unten links).

Ein Schild macht, wie vielerorts, auf die Partnerschaft mit einer burgundischen Gemeinde aufmerksam. Harthauser Charakteristika: Tabakpflanzen und Tabakschuppen.

VERBANDSGEMEINDE DUDENHOFEN

Zwei Jahre nach der Verwaltungsreform von 1969 schlossen sich die Gemeinden Dudenhofen, Harthausen und Hanhofen freiwillig zur Verbandsgemeinde Dudenhofen zusammen. Bereits 1973 wurde ein neues Rathaus im Ortsmittelpunkt der Sitzgemeinde Dudenhofen in Dienst gestellt, das 1989 im Vollzug eines Städtebau-Architektenwettbewerbs als 1. Bauabschnitt im Zuge des Städtebauförderungsprogramms erweitert und ausgebaut wurde.

Dudenhofen

Größte und betagteste Gemeinde ist Dudenhofen, das als ältestes Anbaugebiet von Spargel gilt. Seit 1925 feiert man das Spargelfest, das nicht nur auf Freunde des Edelgemüses eine stetig wachsende Anziehungskraft ausübt.

Als Maßnahmen zur Verbesserung der Infrastruktur ist die Verlegung der Bundesstraße 39 aus dem Ortsinnern zu nennen, die jetzt als Hochstraße darüber hinwegführt. Weiter ist die Großsporthalle zu erwähnen, die als Angebot für Schulen und Vereine der Verbandsgemeinde vom Landkreis errichtet worden ist.

Tradition hat in Dudenhofen die „Badewanne", wie die seit vielen Jahren bestehende Radrennbahn genannt wird, die vor allem in der Zeit nach dem zweiten Weltkrieg bedeutende, auch internationale Radveranstaltungen gesehen hat. Allerdings muß sie demnächst renoviert werden. Das soll durch private Vereinsinitiative geschehen, wobei aber auch Gemeinde, Kreis und Land gefordert sein werden.

In Dudenhofen wurde ein Waldlehr- und Vogelschutzpfad ausgebaut. Ebenfalls zu den Leistungen der Verbandsgemeinde gehört ein Nachbarschaftsspielplatz, der als Modellanlage des Landes Rheinland-Pfalz im Bereich zwischen Waldgrenze, Schule und Sportstadion in Dudenhofen auf 15 000 qm ausgebaut worden ist.

Daß Dudenhofen als Wohngemeinde seine Reize hat und anbietet, verwundert nicht. Der Ort hat sich in den letzten zwei Jahrzehnten nach allen Himmelsrichtungen beträchtlich ausgeweitet. Zuletzt wurde im Westen des Dorfes ein Baugebiet erschlossen. Der Gemeinde kommt zugute, daß sie, bei guten Möglichkeiten im Nahverkehr zur Stadt Speyer, auch günstig zum Autobahnnetz gelegen ist.

Seit 1975 unterhält Dudenhofen eine Partnerschaft mit der Südtiroler Gemeinde Martell, die besonders dadurch gefördert wird, daß Martell und seine Nachbargemeinden ein beliebtes Urlaubsziel sind.

Harthausen

Im Jahre 1573 hat der südpfälzische Pfarrer Anselm Anselmann aus Hatzenbühl von seinen geistlichen Brüdern in Frankreich die Pflanze „nicotiana tabacum" bekommen und in deutschen Landen eingeführt, vermutlich zunächst in der Südpfalz. Anfang des 18. Jahrhunderts wurde Tabak auch in der Gemarkung Harthausen angepflanzt. Schon 1739, so wird berichtet, mußten die Harthausener Bauern auch vom Tabak „den Zehnten" an den Pfarrer abführen.

So ist der Tabakanbau heute noch die Hauptkultur in Harthausen, die 1970 auf Vertragsanbau umgestellt wurde und so den Pflanzern und Abnehmern Kontinuität und Sicherheit gewährleistet.

Der Ort hat den landwirtschaftlichen Charakter beibehalten. Doch auch hier hat man sich auf Interessenten für ein „eigenes Häusle" eingerichtet, hat kanalisiert, erschlossen und für Sportanlagen gesorgt. Im Naherholungsangebot muß die Vogelschutzanlage als Besonderheit erwähnt werden.

„Der Tabakschuppen an der Hanhofener Straße ist ein Denkmal für die Königstreue der Harthäuser Bevölkerung in den sturmbewegten Zeiten der Jahre 1848/49...", so stellt es die, 1980 erschienene Jubiläumsschrift von Harthausen zum 750jährigen Gedenkjahr nach der ersten urkundlichen Erwähnung im Jahr 1230 dar. Die revolutionären Turbulenzen der Jahre 1848/49 hatten in Harthausen dazu geführt, daß seine Bürger ihrem Königshaus treu blieben und sich den freiheitlichen Bestrebungen nicht anschließen wollten. Zum Dank für erwiesene Bürgertreue erhielt die Gemeinde von Prinz Luitpold einen geräumigen Tabakschuppen, der 1989 von Grund auf restauriert wurde und dem Ort künftig als Heimatmuseum und „gute Stube" für kulturelle Veranstaltungen dienen soll. An jedem dritten Wochenende im September sind Harthausens Höfe und Scheunen geöffnet, wenn Tausende aus dem Umland zum Tabakdorffest strömen. Im Mittelpunkt des Festes steht die Wahl der pfälzischen Tabakkönigin, die jeweils für zwei Jahre landauf-landab für den Pfälzer Tabak werben soll.

Seit 1978 pflegt Harthausen eine Partnerschaft mit der burgundischen Gemeinde Uchizy; aus Anlaß des

Dudenhofen: Die Ganerbschule, die Morschmühle und das Gasthaus „Zum Lamm".

Die katholische Kirche und Schutzpatron
in Hanhofen (oben);
Dorfidylle in Hanhofen.

zehnjährigen Jubiläums wurde ein Platz in Harthausen in „Uchizy-Platz" benannt. Dieser Platz soll im Zuge der Dorferneuerung mit attraktiven Gebäudekomplexen für öffentliche und Vereinsnutzung bereichert werden.

Mehrmals war Harthausen Kreissieger im Wettbewerb „Unser Dorf soll schöner werden."

Die Ortserneuerung und -verschönerung steht auf der Prioritätenliste weiterhin ganz oben.

Hanhofen

Die Gemeinde Hanhofen blickt auf eine bedeutende geschichtliche Vergangenheit zurück. Von der Feste Marientraut, die der Speyerer Fürstbischof Mathias Ramung in den Jahren 1467 bis 1471 im Konflikt mit der Freien Reichsstadt Speyer als Wasserburg ausbauen und vergrößern ließ, ist außer einem Teil des Wassergrabens nichts erhalten geblieben, heute ein privat genutzter Fischteich, wohl aber die benachbarte Schloßmühle, die noch heute, wie seit Jahrhunderten, das Getreide für die Menschen aus Hanhofen und Umgebung mahlt.

Hanhofen war von 1554 – 1716 selbständiges Oberamt des Hochstiftes Speyer, also Verwaltungssitz für die Gemeinden Harthausen, Dudenhofen, Heiligenstein, Berghausen, Schifferstadt, Waldsee, Maudach und Mundenheim.

Hanhofens Bauern bauen auf ihrem Sandboden vorwiegend Tabak und Spargel an. Es arbeiten hier noch rund zwanzig landwirtschaftliche Vollerwerbsbetriebe. Anderen Erwerbsquellen gehen ca. 35 % der Bevölkerung in den Betrieben im nahen Speyer und im Ballungsgebiet Ludwigshafen-Mannheim nach.

Auch das ehedem stille Dorf Hanhofen sieht sich einer großen Nachfrage nach Baugrundstücken gegenüber. So wurde es notwendig, neue Gebiete zu erschließen. Die dafür erforderlichen Investitionen für Kanalisation, Kläranlage und Straßenbau hat die kleine Gemeinde zielstrebig geplant und dabei erfolgreich gewirtschaftet. Ohne Geldmittel vom Land und dem Landkreis wäre ihr das zwar nicht möglich gewesen, doch mit den finanziellen Zuwendungen haben auch die Hanhofener erreicht, daß der Ort von Zuzugswilligen geschätzt und gesucht wird.

Umfangreiche Dorferneuerungsmaßnahmen bereichern zukünftig den Ortsmittelpunkt.

VERBANDSGEMEINDE HESSHEIM

Die Verbandsgemeinde Heßheim entstand durch Verwaltungsakt im Jahre 1972, als die Gemeinden Heßheim, Beindersheim, Heuchelheim und Groß- und Kleinniedesheim zusammengeschlossen worden sind. Verwaltungsvereinfachung war die Absicht. Es wurde der Fläche nach die kleinste der Verbandsgemeinden des Landkreises Ludwigshafen. Im Juni 1988 sind 9011 Bewohner der Verbandsgemeinde Heßheim ausgewiesen, die damit nicht die kleinste des Kreises ist.

Der Verwaltung der Verbandsgemeinde erwuchsen durch die kommunale Neuordnung eine Reihe besonderer Aufgaben. Davon konnten die folgenden abgeschlossen werden: Das Wasserwerk wurde um eine neue Aufbereitungsanlage erweitert. In der Kläranlage, an die die Gemeinden Groß- und Kleinniedesheim nachträglich angeschlossen worden sind, wurde eine neuartige biologische Reinigungsstufe gebaut. Feuerwehrgerätehäuser wurden in Heuchelheim und Kleinniedesheim neu errichtet. Die Grundschulen in Beindersheim und Heßheim bekamen einige erneuerte Klassenräume, dazu wurde in Heßheim eine Schulturnhalle neu gebaut.

Der ständig wachsende Straßenverkehr machte den Ausbau von Verbindungsstraßen zwischen Heßheim, Großniedesheim und Beindersheim erforderlich. Aber auch Rad- und Wanderwege zwischen den Ortsgemeinden sind eingerichtet bzw. ausgebaut worden, da auch dafür ein zunehmendes Bedürfnis zu verzeichnen ist. Als letztes, aber nicht als geringstes, kann auf die grundlegende Renovierung des Gagern'schen Schlosses in Kleinniedesheim hingewiesen werden, eine Maßnahme, der sich auch der Landkreis im Sinne seiner kulturfördernden Pläne verpflichtet fühlte und die die finanziellen Möglichkeiten der kleinen Gemeinde weit überfordert hätte.

Als noch durchzuführende Planung für die nächste Zeit ist die Errichtung eines Feuerwehrgerätehauses in Großniedesheim zu nennen sowie ein notwendiger Erweiterungsbau für die Grundschule.

Ein neu geschaffener Gemeindeverband wie die Verbandsgemeinde Heßheim tut gut daran, ihre Bürger zum Kennenlernen und Feiern zusammenzurufen. So wurde ein Verbandsgemeindesportfest ins Leben gerufen, das alljährlich im Juni/Juli abgehalten wird. Auf kulturellem Gebiet ist etwas Ähnliches entstanden, die jährlich veranstalteten Kulturwochen im Herbst. Ausstellungen, Dichterlesungen und Konzerte ziehen jeweils eine große Zahl interessierter Bürger an. Um die Förderung von Kultur und Heimatpflege macht sich ein neu gegründeter „Heimat- und Kulturverein" in der Verbandsgemeinde verdient.

Heßheim

Einer weiten Öffentlichkeit ist der Name der Ortsgemeinde Heßheim bekannt durch die Hausmülldeponie, die sich auf ihrem Gebiet befindet, zum Teil auch im Zusammenhang mit der unmittelbar angrenzenden Sondermülldeponie (Gemarkung Gerolsheim). Der Verkehr zu beiden Deponien, deren Einzugsbereiche weit über den Landkreis Ludwigshafen hinausreichen, führt überwiegend durch die Hauptstraße in Heßheim und belastet die dortigen Anwohner, aber nicht nur sie, ganz erheblich. Die Einwohner Heßheims hoffen deshalb auf die baldige Verwirklichung einer Autobahnzufahrt, über die dann u. a. der Müllverkehr fließen soll.

Dieser Belastung ungeachtet hat sich Heßheim in bemerkenswerter Weise entwickelt. So wurde als Stätte für kulturelle oder auch Vereinsaktivitäten ein Bürgerhaus neu errichtet mit einer Bücherei, einem Jugendraum und Altentreff. Solche Gesprächstreffpunkte außerhalb von Gaststätten haben in dörflichen Gemeinden einen besonderen Stellenwert. Dem gleichen Ziel dient das alljährlich im September durchgeführte Parkfest. Die große Aktivität der Heßheimer Vereine verdient besondere Erwähnung. Als Vorstufe zu Jugendtreffs könnte man Kinderspielplätze bezeichnen, die ebenfalls zu den vollendeten Neueinrichtungen der Gemeinde gehören.

Ferner wurde eine Freizeitanlage mit einem Minigolfplatz angelegt, wie auch der Sportplatz des „ASV Heßheim" grundlegend erneuert, Maßnahmen, mit denen Heßheim seinen Freizeitwert zweifellos erhöht und verbessert hat.

In Planung befindet sich die Erschließung eines neuen Gewerbe- als auch eines Wohngebietes „Heßheim Süd". An der Voraussetzung dazu, dem Erwerb der erforderlichen Grundstücke, wird gerade intensiv gearbeitet.

Eine erste Maßnahme der Dorferneuerung war der inzwischen vollendete Ausbau der Hauptdurchgangsstraßen, die neben dem alltäglichen Berufsverkehr in die Ballungszentren auch den stark angewachsenen Schwerlastverkehr von und zu den Mülldeponien bewältigen müssen, sehr zum Mißvergnügen der Dorfbewohner.

Weinlese in Heuchelheim.

Kriegerdenkmal auf dem Heßheimer Friedhof.

Bauerngehöft in Großniedesheim.

Das alte Rathaus in Heuchelheim.

Typische barocke Toranlage in Heßheim.

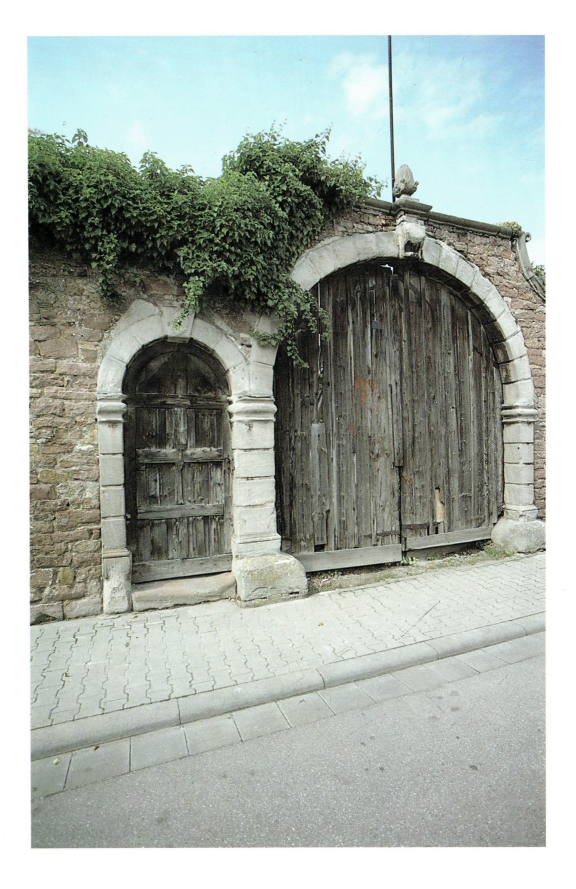

Ein berühmter Sohn der Gemeinde Heßheim sei zum Abschluß erwähnt. Im Jahre 1570 wurde in Heßheim Pieter Schoubroeck als Sohn des flämischen Predigers Claes Schoubroeck geboren, der seine niederländische Heimat aus Glaubensgründen verlassen mußte und sich in Heßheim niedergelassen hatte. Pieter Schoubroeck hat sich als Vertreter der „Frankenthaler Landschaftsmalerei" einen Namen gemacht und dem Ort Heßheim zu der Ehre verholfen, schon im 16. Jahrhundert einen Beitrag zur europäischen Malerei geleistet zu haben.

Beindersheim

Der Ort kam wie Heßheim nach mannigfachen Herrschaftswechseln im Jahre 1467 zur Kurpfalz. Im Dreißigjährigen Krieg, im Orléans'schen Erbfolgekrieg zahlte die Bevölkerung hohen Tribut; aber es kamen immer wieder Menschen in dieses Land, dessen fruchtbarer Boden und mildes Klima aufs Neue zum Leben und damit zum Überleben einlud.

Der fruchtbare Boden war lange Zeit eine gute Grundlage für landwirtschaftliche Nutzung und den Anbau von Gemüse und Obst. Der Gang der Dinge brachte es aber mit sich, daß der Bedarf an Bauland im Umland der Städte so stark anstieg, daß es günstiger wurde, den Boden mit Häusern statt mit Kartoffeln oder Zuckerrüben zu bebauen. Auch Beindersheim hat sich diesem Trend nicht verschlossen. So wurde zuletzt das Neubaugebiet „Schlittweg Süd III" erschlossen und im bislang unberührten Gewerbegebiet „Sturmgewanne" Voraussetzungen für die Ansiedlung neuer oder umgesiedelter Gewerbe- und Handwerksbetriebe geschaffen.

Nachdem 1972 der Neubau einer Grundschule in Dienst genommen werden konnte, war es möglich, den alten Schulbau umzuwidmen. Er wurde zu einem Bürger- und Vereinstreff ausgebaut. Dazu kam die Einrichtung eines Treffpunktes für die Jugend und eines anderen für Senioren, so daß man sagen kann, das Dorf, das heute etwa 3000 Bewohner umfaßt, richtet sich auf Wohnlichkeit und Erweiterung ein.

Die Nachbarschaft zur Kreuzung zweier Autobahnen hat für Beindersheim verschiedenartige Aspekte. Einerseits ist der Ort sehr gut zu erreichen, andererseits je nach Windlage die Geräuschkulisse der beiden Verkehrslinien für die Anlieger äußerst störend. Die Lärmschutzwände sind nicht gerade ein Allheilmittel.

Aber die gute Laune lassen sich die Beindersheimer nicht nehmen, besonders nicht, wenn sie am jeweils ersten Sonntag im Juni ihr „Keswammesfest" feiern, einen Schubkarrenwettlauf für Frauen und Männer, bei dem sowohl eine Keswammeskönigin als auch ein König gekürt werden.

„Vom Notschulraum zum Gemeindezentrum" – die Liederkranzhalle – ist ein lesenswerter lebendiger Beitrag im Kreisjahrbuch 1989 des Landkreises Ludwigshafen überschrieben. Mit Durchsetzungskraft und Fantasie haben Beindersheimer Sangesfreunde aus einer zum Abriß vorgesehenen Gerätehalle eines BASF-Betriebes ein Sängerheim geschaffen, das nur durch das Zusammenwirken von verständnisvollen Geldgebern bei der BASF und Gemeinde mit ungeahnten Aktivitäten von Fachleuten und vielen helfenden Händen zustandekommen konnte. Eine damals gerade akute Schulraumnot konnte mit der neuen „Liederkranzhalle" für zwei Jahre überbrückt werden, bis die Sänger ihr Domizil dort aufschlagen und weiter ausbauen konnten. Die Aufrichtung des Maibaumes wird alljährlich am 30. April von den Mitgliedern des Gesangvereines „Liederkranz" im Sinne eines Volksfestes gefeiert. Fürwahr eine überzeugende Bürger-Initiative!

Großniedesheim

Die geschichtlichen Ursprünge hat der Ort mit den ihn umgebenden Gemeinden gemeinsam. Zwei Türme heben Großniedesheim aus den Dörfern seiner Umgebung heraus. Zwei Türme, die völlig unterschiedlichen Zwecken dienen und die für das Dorf Wahrzeichen sind. Einmal der der protestantischen Kirche, der „als einer der schönsten und ältesten romanischen Kirchtürme in der weiteren Umgebung" gilt, wie es Dorfchroniken berichten. Auf vier romanische Stockwerke wurde später ein fünftes aufgesetzt, das mit einem reichgegliederten Helm abgeschlossen worden ist.

Zum zweiten der andere Turm, einiges größer, einiges schmuckloser, einiges technischer: Der Wasserturm – 50 m hoch und über 50 Jahre alt. Das Wasserwerk von Großniedesheim versorgt die Gemeinden der Verbandsgemeinde Heßheim mit dem kühlen Naß. Das Wasser ist für die nurmehr wenigen Großniedesheimer Bauern, die neben Zuckerrüben und Getreide auch Wein anbauen, ein wichtiges Betriebsmittel.

Katholische Kirche in Beindersheim.

Aber, wie überall, wird auch hier viel landwirtschaftlicher Boden zu Bauland umgewandelt, einem Zeitbedürfnis folgend. „In den Moltersgärten" wurde das neueste Baugebiet erschlossen. Für die Bürger von heute wie auch für die von morgen sind von der Gemeinde ein Bürger- und Sportzentrum sowie ein Alten- und Jugendtreff geschaffen worden. Großniedesheim ist eine beliebte Wohngemeinde geworden.

Einige Wünsche und Pläne sind noch offen, werden aber von Bürgern und Verwaltung mit Nachdruck verfolgt. Die Friedenshalle als Ort für kulturelle Veranstaltungen soll modernisiert und um einige Funktionsräume erweitert werden. Für die Grundschule der Gemeinde wünscht man sich einen Anbau. Demografische Unwägbarkeiten machen die behördliche Genehmigung zu einem Problem. Schließlich besteht ein intensiver Wunsch sporttreibender Vereine und Bürger nach einer Großsporthalle, die man in Anbetracht der zentralen Lage gerne in Großniedesheim angesiedelt sähe.

Auf einen bedeutenden Sohn kann Großniedesheim stolz sein, Prof. Dr. Nikolaus Müller (1857 – 1912). Neben dem Studium der Theologie galt seine große Neigung den Ausgrabungen frühchristlicher Kult- und Grabstätten in Italien, eine Tätigkeit, die ihm dort hohe Ehrungen eingebracht hat. Die Stadt Bretten verdankt ihm eine umfangreiche Sammlung von Zeugnissen über und von Philipp Melanchthon (1497 – 1560) und das Gebäude für das Melanchthon-Museum, das er Bretten, Vaterstadt des großen Kirchenvaters, neben seiner Sammlung zum Geschenk gemacht hat.

Heuchelheim

Das Dorf besitzt aus einer frühen Zeit Merkmale, die von denen der umgebenden Gemeinden abweichen. „Von herzförmigem Grundriß, befestigt mit Wall und breitem Wassergraben" wird das Dorf um 1400 beschrieben. Der Grundriß des alten Ortskerns weist noch heute die ehemalige Wasserburg nach, die nicht mehr existiert.

Landwirtschaft wird in Heuchelheim noch heute betrieben, wenngleich sie fast überall zurückgeht. Es gibt noch dreizehn Vollerwerbs- und acht Nebenerwerbsbetriebe, die vorwiegend Frühkartoffeln, Zuckerrüben, Spargel, aber auch Wein anbauen.

Für die meisten Bewohner ist Heuchelheim Wohngemeinde. Voraussetzung dafür war eine ausreichende Infrastruktur, um die sich die kleine Gemeinde mit ihren ca. 1 170 Einwohnern sehr erfolgreich bemüht hat. Das Baugebiet „Neuweide" ist seit 1986 neu erschlossen, da der Bedarf an Wohngrundstücken unvermindert anhält.

1976 wurde die Grundschule Heuchelheim aufgelöst. Die ABC-Schützen (erstes bis viertes Schuljahr) fahren mit Bussen zur Grundschule nach Beindersheim; später nach Frankenthal zur Hauptschule oder in die weiterführende Realschule bzw. ins Gymnasium.

Aus dem ehemaligen Schulgebäude entstand ein Bürgerhaus mit einem Ratssaal, einem Amtsraum, einem Jugendraum, einer Mehrzweckhalle für Sport und Kultur, der Gemeindebücherei sowie einer Gastwirtschaft. Der Komplex konnte 1980 eingeweiht werden. Wo vordem der Lehrer gewohnt hat, wohnt jetzt der Gastwirt. Außerdem wurde eine Altenstube eingerichtet, die als regelmäßiger Treffpunkt zum Gedankenaustausch bei gemütlichem Kaffeetrinken sehr geschätzt wird.

Im Südwesten von Heuchelheim wurde eine Umgehungsstraße (L 453) angelegt, die einen Teil des Durchfahrtsverkehrs aus dem Dorf herausnimmt. 1987 wurde Heuchelheim als Ortserneuerungsgemeinde anerkannt. Als erste Maßnahme ist der Ausbau der Bahnhofstraße geplant. Parkbuchten und Bäume sollen der Verkehrsberuhigung dienen, landschaftsgerechte Lampen den Innenraum der Ortschaft „wohnlicher" machen. Die Ortserneuerung ist allerdings nicht nur Sache von öffentlichen Kassen; der private Hausbesitzer ist ebenfalls aufgerufen, seinem Gebäude ein freundliches und ortsbildangemessenes Gesicht zu geben.

Kleinniedesheim

Wer nach Kleinniedesheim kommt, um an einem der zahlreichen Konzerte mit Kammer- oder Barockmusik teilzunehmen, die vom Landkreis dort veranstaltet werden, wird sehr erstaunt sein, welch geschmackvolle Räumlichkeit diese kleinste Gemeinde im Landkreis für solche Konzerte zur Verfügung hat. Es handelt sich um das Schloß, aus Verwandtschaftsgründen auch Propst Maudraisches Schloß genannt, das in den Jahren 1733 – 1735 vom kurkölnischen Geheimen Rat von Steffné erbaut und von dessen Sohn an Carl Christoph von Gagern (1743 – 1825) verkauft wurde. Diese Familie hat einige bedeutende Politiker und

Straßenszene, Gedenktafel, Schloßscheune und Mandraisches Schloß in Kleinniedesheim.

Historiker hervorgebracht. Hans Christoph Ernst von Gagern ist 1766 in Kleinniedesheim geboren und erwarb sich großes Ansehen als Staatsmann und politischer Schriftsteller. Das Schloß ist ein Kleinod für Kleinniedesheim und den Landkreis. Verbandsgemeinde und Kreis haben es in den letzten Jahren mustergültig renoviert. Es dient heute als Gemeindehaus und Mittelpunkt für mannigfache kulturelle Veranstaltungen. Der klassizistische, südländisch anmutende Pavillon im früheren Schloßpark ist ein architektonisches Schmuckstück.

Im Zuge der Ortskanalisation wurden sämtliche Ortsstraßen ausgebaut. Ein neu ausgewiesenes Wohnbaugebiet „Am Zimmerplatz" wurde baureif erschlossen.

Für den zwischenmenschlichen Austausch wurde ein Alten- und Jugendtreff eingerichtet. Dem gleichen Zweck dient der neu angelegte Kerweplatz am Ortsrand.

Im Jahre 1815 wurde in Kleinniedesheim Johannes Mehring geboren, der mit der Erfindung der künstlichen Wabenmittelwand und -presse der Imkerei wesentliche Verbesserungen beschert hat. Er lebte, arbeitete und starb 1878 in Frankenthal.

Alle Gemeinden sehen als Programm für die nächsten zehn bis zwanzig Jahre die Aufgabe der Dorferneuerung, die die Zentren, Plätze und Hausfronten an den Dorfstraßen wohnlicher und freundlicher gestalten soll. Die Dorferweiterungen, von denen immer wieder die Rede war, haben jahrelang beträchtliche Geldmittel gebunden. Jetzt soll in die Innenregion der Dörfer investiert und Versäumtes nachgeholt werden, um einen Zustand zu erreichen, der sowohl den Alt- als auch den Neubürger mit seiner Wohngemeinde stärker verbinden soll.

Hauswappen an barockem Kellerabgang in Großniedesheim.
Dorfbrunnen in Heßheim.
Straßenbild in Beindersheim.
Evangelische Kirche in Heuchelheim.

LAMBSHEIM

Lambsheim, das sich als dörfliche Gemeinde im Januar 1970 dafür entschieden hat, verbandsfrei zu bleiben, war im Jahre 1323 von Kaiser Ludwig dem Bayern mit Stadtrechten, mit den besonderen Privilegien des Stadtgerichtes, dem Oberzehnten und der Festungsherrlichkeit ausgestattet worden. Die Wehranlagen müssen dereinst recht trutzig und massiv gewesen sein, sonst wäre es nicht zu dem alten Spruch gekommen: „Freinsheims hohe Mauern, Dürkheims grobe Bauern, Lambsheims „tiefe" Gräben, brachten manchen schon um's Leben". An die alte Befestigung erinnern heute noch der Neutorturm, die Straßennamen „Wallstraße" und „Stadtgrabenstraße" sowie die Reste der Stadtmauer im Bereich der beiden Kirchen, wovon die eine 1988 unter denkmalpflegerischen Gesichtspunkten restauriert wurde.

Die Wechselfälle der Geschichte gingen auch an Lambsheim nicht spurlos vorüber. 1471 ging der ganze Ort in Flammen auf. 1823 hat Lambsheim auf seine Stadtrechte verzichtet. Seit 1816 gehört es zum Bezirksamt Frankenthal. 1969 gelangte Lambsheim nach Auflösung des Landkreises Frankenthal als selbständige Gemeinde zum Landkreis Ludwigshafen.

In Lambsheim hatte Ferdinand Geib, einer der führenden Männer im Kampf um die demokratische Bewegung Deutschlands und Teilnehmer des Hambacher Festes 1832, sein Geburtshaus. Sein Vater war Bürgermeister in Lambsheim, und sein Bruder, Dr. Karl Gustav Geib, war Rechtsgelehrter und Professor in Tübingen. Das Geburtshaus (Hauptstraße 47) befindet sich heute im Besitz von Familie Tartter, eine Erinnerungstafel weist auf die Familie Geib hin.

1952 war für Lambsheim und seinen Ortsteil Maxdorf ein wichtiger Termin. Marxdorfs Gemeinderäte betrieben ab Ende 1950 die Loslösung von Lambsheim. Ein Landesgesetz vom 15. 10. 1952 erfüllte den Wunsch der Maxdorfer; aber die Trennung des Grundbesitzes der beiden Gemeinden wurde so kompliziert wie die Trennung siamesischer Zwillinge. Im April 1954 wurde juristisch entschieden und von den beiderseitigen Gemeinderäten sanktioniert. Nach der Trennung erfolgte eine Vermögensauseinandersetzung. Infolgedessen gingen große Teile Lambsheimer Gemarkung an Maxdorf über.

Die Gebietsreform und die damit einhergehenden Gesetze brachten erneut Organisationsprobleme für Lambsheim. Am 5. Januar 1970 faßten – wie schon oben erwähnt – die Gemeinderäte Lambsheims den einmütigen Beschluß, daß der Ort seine kommunale Selbständigkeit behalten und verbandsfrei bleiben wolle. Die heutigen Verantwortlichen der Gemeinde sind stolz darauf, daß sich Lambsheim seine Unabhängigkeit bewahrt hat.

Bis in die 50er Jahre war Lambsheim stark landwirtschaftlich orientiert. Seitdem ist jedoch, wie in der ganzen Region, ein Strukturwandel eingetreten. Der Anteil der in der Landwirtschaft Tätigen ist gesunken, während die Zahl der in der Industrie und im Gewerbe Beschäftigten in stetem Steigen begriffen ist. 1970 wies die Statistik 49 % Arbeiter aus, die in den Industriebetrieben in Frankenthal und dem Ballungsgebiet Ludwigshafen und Mannheim ihr Brot verdienen.

Auf viele dort Beschäftigte übt auch die Gemeinde Lambsheim eine große Anziehungskraft als Wohnort aus; man hat dort frühzeitig die Zeichen der Zeit erkannt und rechtzeitig für eine Ortserneuerung gesorgt. So wurden die Ortsstraßen ausgebaut, ebenso die Kanalisation auf den modernsten Stand gebracht. Hierbei hat man sich bis auf einen kleinen Teilbereich für ein Mischsystem entschieden, so daß sämtliche Abwässer von Lambsheim und auch von der Verbandsgemeinde Maxdorf in die Kläranlage zur Aufbereitung geleitet werden. Die neuesten gesetzlichen Bestimmungen machen es allerdings erforderlich, daß eine neue Kläranlage mit einer dritten Reinigungsstufe gebaut wird, die gemäß Beschluß des Gemeinderates nunmehr außerhalb der geschlossenen Ortslage errichtet werden soll.

Größere Neubaugebiete – „Schloßgarten", „Goethestraße" – sind erschlossen worden, um dem Bedarf an Baugrundstücken entsprechen zu können. Durch die ständig steigende Nachfrage nach Bauland wird derzeit ein weiteres Neubaugebiet „Im Reichert" ausgewiesen. Hier soll gleichzeitig ein Einkaufsmarkt errichtet werden, um auch künftig die Versorgung der Bevölkerung sicherzustellen.

Dem Freizeitwert wurde in Lambsheim rechtzeitig die gebührende Beachtung und Investitionsbereitschaft geschenkt. Kernstück bilden das am Ortsrand gelegene Freibad mit dem Kreishallenbad Maxdorf in unmittelbarer Nachbarschaft. Durch den Bau der Bundesautobahn A 61 bedingt, entstand auf Lambsheimer Gemarkung ein ca. 20 ha großer See, der als Naherholungsgebiet „Nachtweide" von der Gemeinde ausgebaut wurde. Diese Einrichtung erfreut sich ständig wachsender Beliebtheit und hat mittlerweile überregionale Bedeutung erreicht.

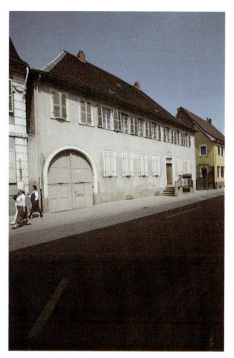

Bilder aus Lambsheim: Alter Wehrturm; barockes Haus in der Hauptstraße 47; Innenhof eines bäuerlichen Anwesens.

Weiträumige Biotope sorgen dafür, der Natur ihren hohen Stellenwert zu garantieren. Die große Bedeutung des Umwelt- und Landschaftsschutzes wurde rechtzeitig erkannt. Es wurden mittlerweile ein Feuchtbiotop und drei Trockenbiotope geschaffen, um den Bestand von seltener Flora und Fauna zu gewähren. Darüber hinaus führt die Gemeinde jährlich umfangreiche Baumpflanzaktionen durch und legt Feldholzinseln an.

Aus der früheren Abfall- und Schutthalde „Holzacker-Neuweide" wurde mit großem Aufwand eine Freizeitanlage geschaffen. Dort geht man jetzt spazieren; es kann im Sommer Rollschuh und im Winter (vielleicht) Schlittschuh gelaufen werden. Auf jeden Fall gibt es dort auch Spielplätze für die Kinder und einen Bereich zum „Bolzen" für die Jugendlichen. Für jeden etwas – für jeden Lambsheimer und für jeden Besucher.

Als anerkannte Ortserneuerungsgemeinde plant Lambsheim als Großbaumaßnahme neben der Vollendung des Straßenbauprogramms im südlichen Ortsteil den Neubau eines Rathauses unter Verwendung des Gebäudes der ehemaligen „Einnehmerei". So bleibt das Steuereinnehmen an historischem Platz. Mit dem Bau wurde zwischenzeitlich begonnen. Zunächst kostet er eine Menge Geld, zumal drei Fassaden unter Denkmalschutz stehen und erhalten werden müssen. Als weitere Maßnahme ist künftig die Sanierung der Neutorschule sowie die des ehemaligen Schlosses in der Junkergasse und – wie schon eingangs erwähnt – der Neubau einer Kläranlage vorgesehen. Im Ortskern fällt übriges der Kirchturm auf, der den beiden Kirchen ökumenisch dient. An alten Besonderheiten sei noch der Judenfriedhof erwähnt, den die Gemeinde betreut und die frühere Mühle am Ufer der Isenach, heute allerdings nur noch ein Denkmal.

Eine Besonderheit von hohem Rang bildet die Partnerschaft mit der burgundischen Gemeinde Saint-Georges-sur-Balches, die seit 1981 besteht. Der Lambsheimer Freundschaftskreis Saint-Georges erfüllt sie aktiv mit Leben. Seitdem diese Städtefreundschaft besteht, besucht man sich regelmäßig, bringt Kunst aus der eigenen Gemeinde in die jeweils andere und läßt so die Freunde am eigenen Leben und Tun teilnehmen.

Im Februar 1989 hat Saint-Georges-sur-Baulches ein modernes Kulturzentrum eingeweiht, wozu eine Delegation aus Lambsheim eingeladen worden ist. Zu Ehren der Partnerschaft soll das ansehnliche Haus den Namen „Maison Lambsheim" erhalten.

Der Heidenfeldwald

Lambsheim besitzt zusammen mit einigen umliegenden Gemeinden eine besondere Merkwürdigkeit, einen großen Anteil am sogenannten „Limburg-Dürkheimer Hinterwald", genannt „Heidenfeldwald". Die solchermaßen begünstigten vorderpfälzischen Gemeinden verdanken diese Tatsache einem ehemaligen „Beholzungsrecht", das noch von König Dagobert stammt, der von 674 bis 678 nach Christus regierte und diese vier Jahre dazu nutzte, den Lambsheimern – und einigen anderen Ortschaften – zu Holz zu verhelfen

Dieses Nutzungsrecht erlebte in den über 1300 Jahren seit seiner Errichtung eine sehr wechselvolle Geschichte, die im Kreisjahrbuch 1989 von Kurt Scherr anschaulich beschrieben wird. Von allen „Teilhabern" haben die Lambsheimer ihre Rechte am nachdrücklichsten vertreten und bewahrt, als es darum ging, ihren Anspruch durch „Zählung der Feuerstellen" in der Gemeinde zu beziffern. Als dies 1828 erfolgte, hatte Lambsheim 456 Feuerherde und bekam daher eine Fläche von 202 026 ha zugesprochen! Die Nutzung besteht bis heute; das geschlagene Holz wird an Ort und Stelle verkauft. Wer denkt dabei noch an König Dagobert?

LIMBURGERHOF

„Die Gemeinde Limburgerhof, die jüngste verbandsfreie Gemeinde im Landkreis Ludwigshafen, erhielt am 1. Januar 1930 ihre politische Selbständigkeit. Sie war aus Gemarkungsteilen von Mutterstadt, Neuhofen, Rheingönnheim und Schifferstadt gebildet worden...", liest man in einer Begrüßungsschrift der Gemeindeverwaltung für Neubürger.

Die Entwicklung von einem mittelalterlichen Gutshof des Klosters Limburg zu einer lebendigen und geschätzten Wohngemeinde wurde dadurch ausgelöst, daß im Jahre 1899, also 34 Jahre nach der Firmengründung, die BASF Ludwigshafen den, in seinem Umfang seit dem Mittelalter unveränderten, Limburgerhof kaufte. Die Absicht war zweierlei. Einerseits wollte die Fabrik eine Wohnsiedlung für Werksangehörige bauen. Damit wurde schon im Jahre 1900 begonnen; es entstanden 31 Doppelhäuser mit je einem Gartenanteil, die 1913/14 um vierzehn Häusergruppen ergänzt worden sind. Diese Ansiedlung wurde damals „Kolonie" benannt, eine Bezeichnung, die auch für andere Werkssiedlungen der BASF gewählt wurde. Einer der Gründe für die Ortswahl war die verkehrsgünstige Lage von Limburgerhof an der Eisenbahnlinie Ludwigshafen-Neustadt, die 1845 – 1847 gebaut worden war. So konnten die Arbeiter mit der Bahn bis hinein in das Werksgelände fahren.

Der andere Grund zum Kauf von Limburgerhof war auf technischem Gebiet zu sehen. Im Jahre 1909 war das entscheidende Patent zur Stickstoffsynthese an Prof. Dr. Fritz Haber in Karlsruhe erteilt worden. Dem Chemiker der BASF, Dr. Carl Bosch, gelang 1911 – 1913 die Umsetzung in die großtechnische Verwirklichung. Eine landwirtschaftliche Versuchsstation sollte ermöglichen, die daraus resultierenden und schon lange erwarteten Düngemittel praxisnah auf physiologische Eigenschaften und Konsequenzen zu untersuchen und weiterzuentwickeln. Die Versuchsstation wurde 1914 eingerichtet. Man begann mit vier Gärtnern, 1917 wurde der schon bestehende Gutsbetrieb dazu gekauft. Während in der Versuchsstation die botanischen Entwicklungen in Tausenden von Einzel- und Reihenversuchen erforscht wurden, sollten die gewonnenen Erkenntnisse im fast gleichzeitig eingerichteten Gutsbetrieb „Rehhütte" unter Mitwirkung von Nutzviehhaltung praxisreif gemacht werden, also im sog. Technikumsmaßstab zwischen Labor und Großbetrieb getestet werden. Das war 1914 – 1917 eine Pionier-Philosophie! Aus den ursprünglich vier Mitarbeitern wurden im Jahre 1988 rund 1100, darunter Chemiker, Biologen, Landwirte, Gärtner und seit kurzem auch Kaufleute, denn in die vormalige Versuchsstation wurden im Jahre 1988 die gesamten Aktivitäten der Marktbearbeitung unter dem Namen: „Landwirtschaftliche Versuchsstation Limburgerhof" integriert und konzentriert.

Wohngemeinde einerseits und Arbeitsregion andererseits waren Grundlagen und Ausgangspunkte für die Entwicklung einer Gemeinde, die bei ihrer Gründung 1930 weder ein Rathaus noch eine Schule, auch keinen eigenen Friedhof besaß. Sie hatte nicht viel Zeit, um sich das notwendige innere Gefüge zu schaffen. Die Einwohnerzahl betrug 1901 200, das waren im wesentlichen die Bewohner der Werkswohnungen der BASF. Als der Ort im Jahre 1930 als selbständige Gemeinde konstituiert wurde, waren es 2300, heute sind es nahezu 10 000 Bewohner.

Limburgerhof hatte von Anfang an die Richtung auf eine Wohngemeinde städtischen Charakters eingeschlagen. Die Landwirtschaftliche Versuchsstation mit ihrem Besucherstrom und der schon bald nach der Gemeindegründung entstehende Zuzug von Bauwilligen stellten schon früh Anforderungen an eine umfassende Infrastruktur, die an städtischen Maßstäben ausgerichtet werden mußte. Schulen, Spielplätze, Sportstätten, Rathaus, Kindergärten, Feuerwehrgerätehaus und vieles andere mußte gebaut werden.

Limburgerhof hat keine umweltverschmutzende Industrie- und Gewerbebetriebe, die Luft und Wohnqualität beeinträchtigen und wurde so sehr schnell eine beliebte Wohngemeinde. Die Bereitstellung von Grundstücken bzw. Mietwohnungen war eine ganz vordringliche Aufgabe, die mit großer Intensität erfüllt worden ist. Viele Beschäftigte der BASF haben sich hier angesiedelt. Der Bedarf an Wohnraum für die vielen Zuzugswilligen führte zu dem Beschluß, an der Von-Denis-Straße zehn- bis vierzehnstöckige Hochhäuser zu bauen, um jeden Quadratmeter Boden zehn- bis vierzehnmal nutzen zu können. Das geschah 1970 – 1972, wurde aber in dieser Form nicht weitergeführt. Die danach erschlossenen Baugebiete weisen Ein- und Zweifamilienhäuser oder Wohnblocks mit drei bis fünf Geschossen auf.

Als „historische Stunde" wurde die Fertigstellung einer Unterführung unter der Eisenbahntrasse im Jahre 1980 bezeichnet, die die Ortsteile Nord und

Das neue Ortszentrum in Limburgerhof.

BASF-Versuchsstation.

BASF-Arbeitersiedlung.

Der Kohlhof.

Im Kohlhof.

Süd nunmehr verbindet. Diese Zweiteilung des Ortes war zuvor ein erhebliches Hindernis gewesen. Ein anderes Verkehrsproblem für Limburgerhof war 1974 gelöst worden, indem eine Umgehungsstraße den Ort vom Durchgangsverkehr befreit. Zur Erinnerung an diese grundlegende Verbesserung feiert die Gemeinde jährlich am ersten Wochenende im September ihr „Straßenfest" – Lastwagen raus, Karussels, Würstelbuden und Weinstände rein!

Eine weitere Verbesserung der Wohnqualität wurde 1983 erreicht, als das neue Ortszentrum Limburgerhof mit dem Rathaus, einem Kultursaal, Geschäften und Arztpraxen eingeweiht wurde. Damit haben die Bewohner zahlreiche wichtige Adressen unter einem Dach. Von den Großprojekten, die die Infrastruktur weiter verbessern sollten, sind die Umgestaltung der Speyerer Straße, die Turnhalle für die Domholzschule und der Neubau einer Trauerhalle sowie die Friedhofserweiterung abgeschlossen. Die nächste wichtige Aufgabe, die ansteht, wird die Planung und das Erschließen des Gewerbegebietes „Nord" sein.

Daß der Sport in einer so lebendigen Gemeinde eine große Rolle spielt und seine Wünsche äußert, ist einzusehen. In vorbereitender Planung ist der Ausbau des Waldstadions mit einer Kunststofflaufbahn, was einen reizvollen Ausgleich zum Berufsleben ermöglicht. Zu erwähnen ist das elfte Turnfest des Rhein-Limburg-Gaues, das im wechselnden Vierjahresrhythmus ausgerichtet wird und vom 2. – 4. Juni 1989 stattfand.

Ein architektonisch reizvolles Erbstück besitzt Limburgerof in dem Parkanwesen mit klassizistischem Schlößchen und einem Turm, der im Jahre 1834 vom Grafen Theodor Waldner von Freundstein erbaut und, obwohl von den geschichtlichen Wirren stark mitgenommen, genau 150 Jahre danach, wieder in altem Glanz erstrahlt. Die Historiker sind sich nicht ganz einig, ob es eine „Morgengabe" des Grafen an seine zweite Frau Auguste, die Schwester seiner verstorbenen Ehefrau Friederike, gewesen ist. Auf jeden Fall sind Park, Schlößchen und Turm ein liebenswürdiges Geschenk an die Gemeinde Limburgerhof.

Die Gemeinde hat 1975 eine Partnerschaft mit der burgundischen Gemeinde Chenôve geschlossen, die voller Leben ist und im Jahre 1985 mit einem großen Spielfest in Limburgerhof gefeiert wurde. 1988 hat diese Freundschaft starke Impulse durch Schulen und Jugendverbände erfahren. Im Hinblick auf diese Partnerschaft gab es in Limburgerhof zwei Namensgebungen: Der „Burgunder Platz" und die „Chenôver Straße", die beide am Ortszentrum liegen.

VERBANDSGEMEINDE MAXDORF

Maxdorf wurde am 1. Juli 1972 mit Fußgönheim und Birkenheide zu einer Verbandsgemeinde zusammengeschlossen, die ihren Verwaltungssitz in Maxdorf als der größten Kommune hat. Durch diese Entwicklung ergaben sich für die Verbandsgemeinde eine Fülle von Aufgaben, die mit Energie angegangen wurden und werden.

Der Landkreis baute in Maxdorf eine Großsporthalle und ein Kreishallenbad, beides von Jung und Alt sehr erwünscht und stark frequentiert. 1981 wurde in Maxdorf ein Realschulzweig eingerichtet, aus dem 1986 eine selbständige Schule in der Trägerschaft des Landkreises Ludwigshafen wurde.

Zur Anbindung der Ortsgemeinde Birkenheide an den Rhein-Haardtbahn-Bahnhof Maxdorf wurde als Ergänzung des Busverkehrs ein Ruftaxibetrieb eingerichtet, auch zwischen der Verbandsgemeinde Maxdorf und der Stadt Ludwigshafen.

Seit 1983 besteht eine Partnerschaft zwischen der Verbandsgemeinde und der burgundischen Gemeinde Longvic, die sich auf privaten und Vereinsebenen gut entwickelt. Ein Schüleraustausch hat bereits mehrfach stattgefunden. 1988 wurde ein Partnerschaftsverein gegründet, der die freundschaftlichen Beziehungen noch intensivieren soll. Anläßlich des fünfjährigen Bestehens der Partnerschaft wurde Ende Oktober 1988 in der Ortsgemeinde Maxdorf der Platz am Bürgerhaus „Longvic-Platz" benannt und am Rathaus Maxdorf ein französischer Kilometerstein aufgestellt. Longvic seinerseits ist verschwistert mit der belgischen Gemeinde Florennes, das allmählich in die freundschaftliche Verbindung aufgenommen wird.

Maxdorf

Die Ortsgemeinde Maxdorf ist, verglichen mit den meisten kreisangehörigen Gemeinden, relativ jung. Entstanden Mitte des 18. Jahrhunderts als „Holzhof" am Floßbach, entwickelte sich Anfang des 19. Jahrhunderts eine Siedlung, die 1816 erstmals in einem Register der dort wohnenden Familien aufgezeichnet ist. Den Namen „Maxdorf" erhielt sie im Jahre 1819 nach König Maximilian I. von Bayern. Die Krone im weiß-blauen Rautenfeld im Ortswappen ist der noch bestehende Hinweis auf den königlichen Namenspaten. All das und vieles andere ist in der neuen Dorfchronik über Maxdorf nachzulesen, die 1987 erschienen ist.

Die Bedürfnisse der Landwirtschaft, besonders die des Anbaus von Gemüse und dessen Vermarktung und die Erschließung von Wohnbau- und Gewerbegebieten mit Straßenbau, waren Probleme, die zielstrebig gelöst wurden. Der Obst- und Gemüsegroßmarkt, ursprünglich an der 1913 gebauten „Rhein-Haardtbahn" gelegen, wurde seiner Funktion nicht mehr gerecht und brauchte mehr Platz. Im Gewerbegebiet am Heideweg ist er auf erweitertem Gelände in den Jahren 1957 – 1959 neu errichtet worden.

Für das Dorf spielte zunächst, wie bereits erwähnt, die Landwirtschaft die entscheidende Rolle. Der Boden gibt nach dem Frühgemüse noch zwei bis drei Ernten im Jahr her. „Rößlein spannt der Maxdorfer Bauer im Märzen nicht mehr ein"; er ist auf Traktor-Pferdestärken übergegangen, was die Ansiedlung von Handwerks- und Gewerbebetrieben nach sich gezogen hat.

Im übrigen wurde auch hier Grund und Boden als Bauland von Hunderten von Beschäftigten in der nahen Industrie entdeckt. Der Ort ist organisch gewachsen und hat schließlich nach fünf vergeblichen Anläufen von 1861 bis 1950 im Jahre 1952 die Selbständigkeit zuerkannt bekommen. Die stark befahrene Ortsdurchfahrtsstraße von Ludwigshafen nach Bad Dürkheim hat durch die Einrichtung eines Autobahnzubringers eine Entlastung erfahren. Neben dem Bedarf an Baugrundstücken herrscht in Maxdorf ein recht großer an Gewerbegrundstücken. Die Erweiterung des Gewerbegebietes auf ca. 31 ha Fläche ist von größeren und kleineren Betrieben der verschiedensten Branchen weitgehend belegt.

1986 hat die Ortsgemeinde das Carl-Bosch-Haus in der Maxdorf-Siedlung – seit neuestem führt sie wieder den Namen „BASF-Siedlung Maxdorf" – gekauft und mit der Renovierung des zweiten Bürgerhauses begonnen. Im gleichen Jahr entstand an der Speyerer Straße ein gemeindlicher Kindergarten. 1987 wurde an der Hauptstraße eine Gemeindebücherei und ein Seniorentreff neu errichtet.

Eine Gemeinde also, von ihrer geographischen Lage begünstigt, die von und mit der Landwirtschaft lebt, in der sich Handel und Gewerbe wohl fühlen und überdurchschnittlich gut entwickeln und die ringsumher Naherholungsgebiete liegen hat, für Spaziergänger, für Radler, für Reiter, für Schwimmer – was will man eigentlich mehr?

Impressionen aus Maxdorf.

Das Hallberg'sche Schloß, Kleinod in Fußgönheim; links eine Madonna bei der Schloßfassade.

Fußgönheim

Der Ort Fußgönheim besitzt als Besonderheit unter den kreisangehörigen Gemeinden das Schloß, das in der ersten Hälfte des 18. Jahrhunderts von der Grafenfamilie von Hallberg gebaut worden ist. 1741 soll es wie auch die im Komplex enthaltene katholische Kirche fertiggestellt gewesen sein, wie die Gemeindechronik berichtet. Das recht ansehnliche Schloß erlebte eine ebenso wechselvolle Geschichte wie der ganze Ort. Man kann in den alten Chroniken nachlesen, daß dort u.a. eine Zigarrenfabrik, ein Kriegsgefangenenlager und ein Raiffeisenmagazin untergebracht gewesen sei. Ein Glück nur, daß es in Fußgönheim engagierte Bürger gab und gibt, die zusammen mit Gemeinde, Landkreis und Kirche das Schicksal dieses Baukomplexes in die Hand genommen und den Verfall verhindert haben. Das Schloß gehört seit 1972 der katholischen Kirchengemeinde.

Die Mitglieder des Heimat- und Kulturvereins Fußgönheim, die die Renovierung des Schlosses mit betrieben, haben darin ein Heimatmuseum eingerichtet, in dem alte Haushaltsgegenstände wie auch früher getragene Kleidungsstücke und vieles andere mehr, liebevoll gesammelt, ausgestellt ist. Auch alte Gerätschaften für die Landwirtschaft wurden zusammengetragen. Übrigens stammt die Familie eines bekannten Vertreters des deutschen Realismus, des Malers Wilhelm Leibl (1844 – 1900), aus dem Fußgönheimer Schloß.

Im Ortszentrum stehen noch die Reste einer früheren Synagoge. Sie ist 1936 als Opfer der Geschehnisse von der jüdischen Kultusgemeinde verkauft worden. Die Raiffeisenbank hat sie lange als Getreidespeicher verwendet; zur Zeit steht sie leer.

Ein weiterer Plan von geschichtsbewußten Bürgern ist die Konzipierung eines Deutschen Kartoffelmuseums. Von besonderem Reiz ist hierbei die Tatsache, daß diese heute wichtigste Feldfrucht, die Kartoffel, um 1700 von den Bauern abgelehnt worden war, und ihr Anbau erzwungen werden mußte – tempora mutantur – so ändern sich die Zeiten! Außer Kartoffeln bildet der intensive Anbau von Gemüse den wichtigsten Zweig der Landwirtschaft. In Fußgönheim gibt es heute noch zwölf Vollerwerbsbetriebe.

Der Gedanke an die Ortsentwicklung von Fußgönheim setzt Aktivitäten von Gemeinderat und Verwaltung in Gang. Ein entsprechender Antrag wurde schon 1984 gestellt. Die Ortsstraßen sind in den letzten Jahren ausgebaut worden. Die Verabschiedung eines Ortsentwicklungsplanes wird in naher Zukunft erwartet. Danach werden Baulücken im Ortsinnern aufgefüllt, während die Erschließung weiterer Wohnbaugebiete an den Ortsrändern nicht vorgesehen ist. Anders bei dem vorhandenen Gewerbegebiet, in dem ein Betrieb zur Herstellung von Leichtmetallfelgen etwa 200 neue Arbeitsplätze geschaffen hat. Diese industrielle Zone soll erweitert und erschlossen werden.

Die vorhandenen Straßen reichen für den täglichen Berufs- und sonstigen internen Verkehr aus. Im Zusammenhang mit der Zuwegung zum neuen Pfalzmarkt in Dannstadt-Schauernheim wird allerdings über eine Ortsumgehung östlich des Dorfes nachgedacht; aber das ist vornehmlich ein finanzielles Problem. Im Jahre 1980/1 wurde eine bisherige Turnhalle zur Mehrzweckhalle um- und ausgebaut. In Ergänzung dazu ist die Erweiterung der Freisportanlage in Planung. Weiter vorgesehen sind Jugend- und Altenbegegnungsstätten.

Fußgönheim, ein lebendiger Ort durch seine vitale und aktive Bürgerschaft. Der „ASV Fußgönheim" ist mit seinen 650 Mitgliedern der größte Verein. Der Reit- und Fahrverein Fußgönheim spielt im Vorderpfälzer Reitsport eine beachtliche Rolle.

Im Oktober eines jeden Jahres verbindet die traditionelle Brauchtumskerwe Vereine und Gemeinde fünf Tage.

Der Vorläufer der Ansiedlungsvorhaben von Städtern in das ländliche Umfeld von Ludwigshafen war eine Maßnahme für Beschäftigte der BASF-IG Farben. Diese fing 1934 an, im Norden von Fußgönheim auf einem minderwertigen Gelände Häuschen mit einem Stück Garten zu errichten. In dieser Zeit wurden viele solcher „Arbeiter-Siedlungen" gebaut, zunächst einfach und klein. Hauptsache war, daß die Leute ein Dach über den Kopf bekamen. Diese hatten ja Hände, um zuzugreifen und nutzten sie, um ihr Domizil allmählich zu vervollkommnen. Man baute die, 234 Jahre zuvor so verschmähten, Kartoffeln nebst dazugehörigem Gemüse selbst an. Im Zuge der Verwaltungsreform kam die „BASF-Siedlung" am 7.6.1969 zu Maxdorf, nicht problemlos; bis Ende der 70er Jahre zogen sich die Auseinandersetzungen hin, die schließlich in einen einvernehmlichen Kompromiß mündeten.

Naturdenkmal „Silbergrasflur".

Dorfgemeinschaftshaus Birkenheide.

Die evangelische Kirche in Birkenheide.

Birkenheide

Zu existieren begonnen hat die Gemeinde Birkenheide völlig unkonventionell. 1937 wurde von der damals sogenannten Deutschen Arbeitsfront, in der jeder Arbeitnehmer zwangsweise Mitglied sein mußte, westlich von Maxdorf auf der „grünen Wiese" der Weisenheimer Gemarkung eine „Kinderreichen-Siedlung der Deutschen Arbeitsfront" gegründet. Um das Weideland, das teilweise auch Heideland war, hatte es zwischen Weisenheim am Sand und Lambsheim schon seit dem 15. Jahrhundert Streitereien gegeben, die das Oberamt Alzey 1772 so entschieden hatte, daß der Gemeinde Lambsheim für 100 Morgen Heide das alleinige Weiderecht zugesprochen worden ist. Das könnte als salomonische Entscheidung angesehen werden, aber ihr fehlte Unterschrift und Siegel. Die wurden erst 1936 im Grundbuch nachgeholt. Das war notwendig, um den Grundbesitz verkaufen zu können. Als das geschehen war, wurde es auch möglich, daß eine von der Behörde beauftragte Wohnungsbaugesellschaft auf den Plan trat, die auf den hundert Morgen Einfachsthäuser bescheidener Ausführung, aber mit größerem Gartengrundstück, für 108 kinderreiche Familien aus der weiteren Umgebung errichtete. Man wählte dafür den gestelzten Namen: Weisenheim/Sand-Siedlung Maxdorf. Das Ganze war wie eine Ansiedlung „außerhalb der Stadttore", ohne jede Infrastruktur, ohne richtige Schule, ohne Verkehrsanbindung, ohne Beleuchtung usw. Kein Wunder, daß nach Kriegsende niemand dort sein Geld anlegen wollte. Weisenheim gemeindete 1946 die Siedlung aus, deren kinderreiche Einwohner nun sehen konnten, was werden soll. Das Schicksal sandte ihnen in der Person der späteren Bürgermeisterin Albertine Scherer, die dort mit Mann und vier Kindern Wohnung genommen hatte, einen rettenden Engel. Sie nahm sich der Situation an und machte die Probleme der ca. 1200 Menschen zu ihren eigenen. Zug um Zug bekam die „Großsiedlung Maxdorf" die Einrichtungen, die ihr fehlten und 1952 mit ihrer Selbständigkeit den Namen „Birkenheide".

Ein neu erbautes Dorfgemeinschaftshaus bietet vielerlei Gelegenheit zu geselligen und kulturellen Aktivitäten. Der junge Heimatverein entwickelt speziell auf musischem Gebiet Initiativen, und der Karnevalverein sorgt dafür, daß in der „5. Jahreszeit" auch in Birkenheide etwas los ist. Der unter den zuvor geschilderten Schwierigkeiten entstandene Ort wird durch mehrere Maßnahmen „wohnlicher". So wurde die Weisenheimer Straße verkehrsberuhigt; an einem Ortsverdichtungsplan wird gearbeitet, in dessen Rahmen auch ein Dorfbrunnen vorgesehen ist – allerdings kein „Brunnen vor dem Tore", sondern mitten im Dorf.

Es ist jetzt ein beliebtes Wohngebiet, angelehnt an eine ausgedehnte Waldfläche, die einen hübschen und liebevoll gepflegten Tierpark enthält, alles in allem ein beliebtes Ausflugsziel. Der jahrelang bestehende kleine Sportflugplatz ist inzwischen aufgelassen worden. Das Gelände ist jetzt zusammen mit dem ihn umgebenden alten Waldbestand unter Landschaftsschutz gestellt worden, ein gesuchtes Naherholungsgebiet.

Der ursprünglich in Privatinitiative entstandene Vogelpark Birkenheide an der Straße nach Weisenheim/Sand hat sich mit der Zeit dahingehend entwickelt, daß ein Verein „Vogel- und Tierpark e.V." gegründet wurde, der diese sehr beliebte Institution pflegen und unterhalten hilft.

Aus einer abenteuerlichen Notsiedlung wurde mit starker Eigeninitiative ein ansprechendes und der Zeit gemäßes Wohngebiet, das 1972 in die Verbandsgemeinde Maxdorf aufgenommen worden ist.

MUTTERSTADT

Mutterstadt ist mit über 12 600 Einwohnern die zweitgrößte Gemeinde im Landkreis Ludwigshafen. Berührt von der alten Römerstraße entlang dem Rhein von Straßburg nach Mainz, spielte es schon frühzeitig eine überregionale Rolle.

Die erwähnte Nord-Süd-Straßenverbindung wurde im 13. Jahrhundert eine Ader für Kurierdienste, die zunächst vom Deutschen Ritterorden eingerichtet worden sind. Hier hinein fügten sich die zahlreichen Klöster, die ohnehin ständig untereinander in Kontakt standen. Diese Nachrichtenlinien, die auch von Fürsten, Städten und Zünften im eigenen Interesse geschaffen wurden, sind die Vorläufer des Postwesens. Mit dieser Institution haben sich, wie bekannt, die Fürsten von Thurn und Taxis besonders effektiv befaßt. Mutterstadt war in diesem verzweigten Netz von Botendiensten nachgewiesenermaßen eine Poststation.

Der Dreißigjährige Krieg vernichtete den Ort völlig und entvölkerte ihn total. Nach seinem Ende bevölkerte sich Mutterstadt wieder durch ehemalige Bewohner und Zuwanderer der verschiedensten Nationalitäten. Es entstand eine bäuerliche Gemeinde, die von der Landwirtschaft, dem jahrhundertealten Haupterwerbszweig, lebte. Heute hat man sich in der Landwirtschaft auf Sonderkulturen spezialisiert. Dieser Entwicklung kommt der neue Pfalzmarkt sehr entgegen.

Die geschichtlichen Entwicklungen der ganzen Region prägen auch Leben und Leute von Mutterstadt. Die industrielle Entfaltung in den Zentren Ludwigshafen und Mannheim hatte auch hier ihre Auswirkungen. Das Ballungsgebiet zog viele Menschen an; sie wollten zwar dort arbeiten, aber außerhalb wohnen. Sie wurden zu Bauinteressenten in den Umlandgemeinden. Der Verlust an Wohnqualität in den Stadtgebieten veranlaßte darüberhinaus viele Stadtbewohner zur Flucht; auch diese suchten und suchen noch Baugrund im Umland. Parallel zu dieser Umschichtung der Bevölkerung hat sich in mancher Gemeinde, so auch in Mutterstadt, eine starke Rückentwicklung der Landwirtschaft ergeben. So wurde mancher Morgen Land zu anderer Nutzung frei.

In Mutterstadt hat man sich auf eine Struktur eingerichtet, die den veränderten Verhältnissen Rechnung tragen sollte, wobei auch die Kinder und Jugendlichen miteinzubeziehen waren. An Sportstätten sind entstanden: Das Hallenbad kombiniert mit einem Freibadteil, Leistungszentren für Gewichtheber und Kegler, zwei Großsporthallen und Tennisplätze. Der Tischtennisverein ist einer der größten in der Pfalz, die Gewichtheber sind bundesweit als Spitzenmannschaft bekannt. Die „TSG Mutterstadt" ist der größte Sportverein im Landkreis Ludwigshafen.

Über zwei Grundschulen und eine Hauptschule hinaus hat der Kreis für eine Realschule gesorgt. Alle Schulen verfügen über Turnhallen.

Mit der sich vergrößernden Einwohnerschaft wuchs die Gemeindeverwaltung und platzte im historischen Rathaus buchstäblich aus den Nähten. Deshalb wurde 1983 ein neues Gebäude in Betrieb genommen. Seit 1985 betreibt man die Restaurierung des ursprünglichen Rathauses, das nach Fertigstellung eine Dokumentation der Ortsgeschichte und einen repräsentativen Saal auch für Veranstaltungen der Vereine enthalten wird.

Neben den Sportvereinen sind Mutterstadter Bürger auch auf kulturellen Gebieten, insbesondere im musikalischen und gesanglichen Bereich, aber auch in der Pflege des Brauchtums und alter Volkstänze, in mehreren Vereinen engagiert tätig. Eine Vielzahl von Waldfesten in den Monaten Mai bis Juli führt die Bürger Mutterstadts zusammen. So ist der Wunsch nach einer Festhalle wie auch der nach einem Sportpark nur zu verstehen.

Die Erschließung neuer Baugebiete wurde und wird weiterhin betrieben; dabei werden der Ausdehnung in die Außenbezirke des Ortes Grenzen gezogen. Die innerorts noch verfügbaren Freiflächen werden als Baugrundstücke umgelegt.

So präsentiert sich Mutterstadt als eine Gemeinde mit hohem Wohn- und Freizeitwert, die durch die Anbindung an das überörtliche Verkehrsnetz von allen Seiten gut erreichbar ist. Allerdings beschert der hohe Durchgangsverkehr den Mutterstadtern ein so starkes Verkehrsaufkommen, daß der dringende Wunsch nach Abhilfe und Entlastung verständlich und berechtigt ist.

Nicht nur Wohngebiete hat Mutterstadt ausgewiesen, sondern auch ein Gewerbegebiet, auf dem sich Betriebe der verschiedensten Branchen und Einkaufsmärkte niedergelassen haben. Diese wiederum schätzen mit ihren Kunden die gute Straßenverbindung sehr. So hat auch sie – wie fast alles – ihre Kehrseite.

Das Mutterstadter Rathaus und das Schulzentrum.

Ortszentrum „Neue Pforte", Hallen- und Freibad Mutterstadt.

NEUHOFEN

Wesentlichen Anteil an der Entwicklung von Neuhofen hat der Rhein. Die Einwohner des Dorfes Medenheim, auf dem Tiefgestade gelegen, hat er durch häufige Veränderungen seines Laufs und noch häufigere Überschwemmungen veranlaßt, auf das Hochufer zu ziehen, in den zwei Kilometer entfernten „Neuen Hof", einen ursprünglich von Zisterziensermönchen aus Himmerod in der Eifel gegründeten Mühlenbetrieb. Dort oben konnte man etwas sicherer leben. Versandende Altrheinarme ergaben brauchbares Weideland. Auf dem Hochufer hat sich Landwirtschaft mit Anbau von Getreide, Obst und Gemüse entwickelt. Noch immer ist das ganze Gemeindegebiet bei Hochwasser gefährdet. Die Planung der Erhöhung des Rheindammes ist für Neuhofen ein lebenswichtiges Vorhaben.

Aus der rustikalen Heimat von Bauern und Handwerkern wurde auch Neuhofen durch die Industrialisierung im Ballungsgebiet Ludwigshafen-Mannheim allmählich eine Arbeiterwohngemeinde, die sich neuen Aufgaben zu stellen hatte. Mit der Erschließung neuer Baugebiete an den Ortsrändern waren modern geplante Wohnstraßen, Versorgungs- und Entsorgungsleitungen zu bauen, eine Kläranlage einzurichten, die 1981 fertiggestellt wurde. Die landesweiten Änderungen in der Schulstruktur machten den Bau einer Hauptschule erforderlich, die zusammen mit Limburgerhof eingerichtet worden ist; die Rudolf-Wihr-Schule wurde 1980 in Betrieb genommen. Eine Großsporthalle, die Rehbach-Halle, bekam die Gemeinde 1976 für die mannigfachen sportlichen Aktivitäten der Vereine. Im gleichen Jahr wurden Vereinsräume im „Otto-Ditscher-Haus", der früheren Schule, übergeben. Im Waldpark wurde den Bürgern eine Festhalle errichtet. Für den Reitsport entstand 1979/80 eine große Halle.

Mit der Ausdehnung der Wohngebiete ergab sich das Phänomen, daß der alte Ortskern an Gewicht und Zentralität verlor. Dem wurde eine gezielte Planung entgegengesetzt. Das 1985 eingeweihte Bürgerhaus „Neuer Hof" setzt in seiner repräsentativen Architektur einen wichtigen Akzent in der Ortsmitte. Umgeben von einer Grünanlage und dem ebenfalls neuen Feuerwehrgerätehaus benachbart, 1986 in Betrieb genommen, bildet diese Stätte für Vereinsleben und Kultur, Jugendaktivitäten und Gemeindeveranstaltungen jetzt den deutlich erkennbaren Mittelpunkt, der durch ein Einkaufszentrum noch unterstrichen wird. Ein Gewerbegebiet von gut zwanzig Hektar hat Neuhofen am Westrand des Ortes ausgewiesen und erschlossen.

Östlich des Dorfes liegt der Neuhofener Altrhein, den kluge Vorsorge zum Naturschutzgebiet bestimmt hat. Zwei Badeweiher hat Neuhofen anzubieten, die von Sonnenhungrigen aus der ganzen Region genutzt werden. Im Sommer verwandeln sie das „Naherholungsgebiet" in ein „Streßgebiet". Die ruhige ländliche Wohngemeinde sieht das mit vielen Vorbehalten.

Von einer Mühle war eingangs die Rede. Zu ihrem Betrieb sowie dem einer zweiten beim „Neuen Hof" war der Rehbach durch das alte Dorf gelegt worden. Dieses Gewässer wurde mit der Zeit nicht mehr benötigt, das Bachbett war wegen schwacher Fließgeschwindigkeit zum Schlammbett geworden, vom Geruch her ein Ärgernis für die Bewohner. Den Bau der Bundesstraße 9 hat man dazu genutzt, das Bachbett aus Neuhofen herauszulegen. Das bedeutete, daß dieses Areal „umgewidmet" werden konnte. Es wurde ein Spazierweg daraus, links und rechts standen ja noch die Pappeln, die zuvor das Bachbett gesäumt hatten.

Die Idee, die neue Situation zum Anlaß eines Gemeindefestes zu nehmen, lag relativ nahe. So hat sich das „Rehbachfest" fast von allein ergeben, das heißt, die Neuhofener Vereine sind kollektive Paten des Festes, das sie seit ungefähr dreizehn Jahren den geselligen Pfälzern immer am letzten Wochenende vor den Sommerferien gemeinsam ausrichten.

Daß Neuhofen der Geburts- und Lebensort eines großen Sohnes ist, ist ein Glücksfall. Otto Ditscher, 1903 geboren im Hause des Zigarrenmachers Daniel Ditscher, ging nach der Schule bei der Malerfirma Schifferdecker in die Lehre, wo Heinz, der Sohn des Chefs, auf Ditschers Talent aufmerksam wurde. Er gab ihm private Malstunden und erleichterte dem jungen Otto Ditscher den Einstieg in ein Gebiet, das für diesen Lebensschicksal werden sollte. An anderer Stelle dieses Bandes ist über den Neuhofener, der sein Leben lang in seiner Heimatgemeinde wohnte, mehr ausgesagt. Das freigewordene alte Schulhaus wurde 1975 in „Otto-Ditscher-Haus" umbenannt, in dem eine erste großzügige Stiftung von Otto Ditscher, 300 Bilder aus seinem Frühwerk, Platz gefunden hat. 1983, zu seinem 80. Geburtstag, fand die Übergabe der Otto-Ditscher-Galerie in Neuhofen statt, der er 1988 weitere Gemälde stiftete.

Ansichten von Neuhofen: Kriegerdenkmal an der protestantischen Kirche; „Neuer Hof" und Glasfenster der katholischen Kirche.

RÖMERBERG

Im Zuge der Verwaltungsreform entstand im Jahre 1969 aus den ehemals selbständigen Gemeinden Berghausen, Heiligenstein und Mechtersheim ein neues Gemeinwesen, das den Namen Römerberg führt. Da die heutige Gemeinde Römerberg an der alten Römerstraße liegt, ist der Name geschichtsbezogen und fand als neutrale Benennung die Zustimmung aller drei Ortsteile.

Historische Funde wie zum Beispiel ein Rebmesser und eine römische Amphore in der Gemarkung zwischen Speyer und Berghausen beweisen, daß in dieser Region schon von den Römern Wein angebaut worden ist, lange vor der Zeit, als an den Hängen der Haardt mit dem Weinanbau begonnen wurde. In den letzten Jahren ist er allerdings in Römerberg stark zurückgegangen. Heute prägen Sonderkulturen und der Anbau von Zuckerrüben die Landwirtschaft in Römerberg. Im vorigen Jahrhundert war die Landwirtschaft die hauptsächliche Erwerbsquelle; die Gewannbezeichnungen „Krautgärten" und „Krautstücke" auf einem alten Ortsplan von Mechtersheim (1820) belegen dies.

Schon seit Jahren ist Römerberg eine Wohngemeinde mit hohem Freizeitwert. Die Anerkennung als Ortsentwicklungsgemeinde ist bereits erfolgt. In den Teilen Berghausen, Heiligenstein und Mechtersheim sind geplante Maßnahmen zur Sanierung der Ortskerne in Arbeit, teilweise sogar schon vollendet, wie der Ausbau der Schulstraße vor dem Rathaus Heiligenstein. In Mechtersheim, dem südlichsten Gemeindeteil des Landkreises Ludwigshafen, soll der Lindenplatz eine Neugestaltung erfahren, die auch den Ortskern einbeziehen soll. Für den Ortsteil Berghausen liegt das Hauptproblem in der Nutzungsänderung für das Gelände der ehemaligen Malzfabrik, die 1985 stillgelegt worden ist. Die Gemeinde Römerberg hat inzwischen das Gelände gekauft. Nun steht der Abriß der umfänglichen Fabrikgebäude an, um danach ein neues Gelände für eine ortsübliche Wohnbebauung zu schaffen. Da das Gebiet unmittelbar an die alte dörfliche Wohnbebauung anschließt, wird diese Änderung für den Ortsteil Berghausen einen großen Gewinn darstellen. Arbeitsplätze im Ort bietet das große Auslieferungslager einer Schuhverkaufskette, das etwa 170 Beschäftigten, zumeist Frauen, Arbeit bietet. Die Möglichkeit der Teilzeitarbeit kommt den beschäftigten Frauen sehr entgegen. Im übrigen wohnen in Römerberg überwiegend Pendler, die allmorgendlich in die benachbarten kreisfreien Städte, vorwiegend zur BASF Ludwigshafen fahren. Ausgebaute Straßen und zwei Bundesbahnstationen machen diesen Berufsverkehr zu einer – fast – problemlosen Sache.

Neben dem Ausbau der vorhandenen Sportanlagen besteht bei den Sportvereinen, insbesondere den Handballern, der Wunsch nach einer Trainingshalle, immer noch offener Posten in der Agenda von Vereinen, Gemeinde und Landkreis. In den letzten Jahren haben die Sportvereine gerade in der Jugendarbeit große Erfolge erzielen können. Leider ist zu beobachten, daß die jungen Sportler, wenn sie erst einmal eine gewisse Qualifikation erreicht haben, zu auswärtigen Vereinen abwandern.

Zur Zeit stehen in Römerberg rund 250 baureife Grundstücke zur Verfügung. In etwa gleicher Größenordnung können weitere Bauplätze erschlossen werden. Dabei kann die Sanierung der Kanalisation erfolgen. Römerberg hat seit 1977 eine Kläranlage. Aufgrund der Randlage der drei Ortsteile – teils Tiefgestade, teils Hochufer – ergeben sich, vor allem bei starken Regenfällen, Engpässe, deren Lösung noch ansteht. Die für das Tiefgestade des Rheins typischen Hochwasserprobleme gehen auch an Römerberg nicht vorbei. Über deren Bewältigung wird in der Gemeinde und im Kreis nachgedacht.

Aber nicht nur herbe Zwänge, sondern auch frohe Feste bestimmen das Leben in der Gemeinde Römerberg. Das traditionsreichste Fest ist der seit fast 300 Jahren bestehende Brauch des „Weiberbratens". Dazu Werner Jester im Heimatjahrbuch 1985 (S.134 – 139): „....es werden in der Tat keine „Weiber gebraten", es handelt sich hier um einen „Braten für die Weiber"." Berghäuser Frauen, die regelmäßig ihre Milch nach Speyer lieferten, haben an einem Januartag des Jahres 1706 den Brand im „Gutleuthaus", einem Altersheim der Stadt Speyer, mit ihrer Milch erfolgreich bekämpft. Der spey'rer Hohe Rat soll damals für diese Tat der Nächstenliebe den Berghäuser Frauen ein Legat in Form von Kalb-, Rind- und Schweinefleisch ausgesetzt haben. Das ist in all den Jahren durchgehalten worden, ab Ende des 18. Jahrhunderts in Form von Geld – der Ursprung einer Tradition, die sich bis in unsere Jahre erhalten hat und von den Berghäuser Frauen liebevoll gepflegt wird. Neben Festen neueren Ursprungs werden heute schon die 800-Jahr-Jubiläen von Heiligenstein (1990) und Berghausen (1992) vorbereitet.

Dorfstraße in Heiligenstein.

Deichwachhaus bei Mechtersheim.

Bürgermeisteramt Berghausen.

Kreishallenbad.

SCHIFFERSTADT

Der Ort, der wie viele andere dieser geschichtsträchtigen Region über 1100 Jahre alt ist – erste Erwähnung 868 in einer Urkunde König Ludwigs des Deutschen – wurde durch den aufsehenerregenden Fund des „Goldenen Hutes von Schifferstadt" mit einem Schlag ca. 2000 Jahre älter. Dieses Meisterwerk der Goldschmiedekunst entstand in der Bronzezeit und wurde im Jahre 1835 in der Gemarkung Schifferstadt von einem Bauern ausgegraben. Das Original befindet sich im Historischen Museum der Pfalz in Speyer, eine Kopie besitzt das Schifferstadter Heimatmuseum. Die Deutsche Bundespost machte den „Goldenen Hut von Schifferstadt" im Jahre 1977 sogar zum Motiv einer Briefmarke.

Die ehemals durch Landwirtschaft geprägte Gemeinde erhielt im Abstand von gut hundert Jahren zwei entscheidende Entwicklungsschübe, die aus dem ruhigen Bauerndorf eine pulsierende Stadt – als solche am 1. Oktober 1950 anerkannt – gemacht haben. Der Bau der pfälzischen Eisenbahn (Ludwigshafen – Bexbach/Saar) in den Jahren 1845 – 1847, die Schifferstadt berührt, brachte die Voraussetzung dafür, daß nach der Gründung der „Badischen Anilin- und Soda-Fabrik Ludwigshafen" 1865 und den anschließenden Neugründungen von Grünzweig & Hartmann (1875), Gebr. Guilini (1876) und Joh. Benckiser (1883) eine Umorientierung der arbeitsfähigen Bevölkerung stattfinden konnte. Das entstehende Angebot an Arbeitsplätzen im Ballungsgebiet zog viele Menschen aus dem ländlichen Raum an, und dabei spielte damals die Eisenbahn eine entscheidende Rolle. Schifferstadt veränderte sich nach und nach zu einer Arbeiterwohngemeinde, deren Einwohnerzahl ständig wuchs.

Der zweite Schub wurde ebenfalls aus verkehrstechnischen Gründen ausgelöst: Die stark verbesserte Anbindung der Stadt an die neu errichteten Landes- und Kreisstraßen sowie an die neu erbaute Bundesautobahn A 61 Krefeld – Speyer. Diese Straßenverkehrsanbindungen brachten der Stadt einen ähnlich starken Anreiz wie der Bau der Eisenbahn.

Neben dem Reiz als Wohngemeinde hat die Stadt auch ihre Qualität als Industrie- und Gewerbestandort im Auge behalten und gepflegt. Im Industriegebiet Süd – rund 41 ha Fläche – sind nahezu alle Grundstücke vergeben, eines davon an das Land für die im Bau befindliche Jugendstrafanstalt mit 200 Haftplätzen, wobei mit der Resozialisierung Berufsausbildung verbunden werden soll. Das Gewerbegebiet Waldseer Straße/Waldspitzweg mit 23 ha Fläche ist bereits voll belegt. Im Industriegebiet Nord sind durch den Wegzug des Obst- und Gemüsemarktes Areale frei geworden. Erweiterungsflächen sind dort in Planung. Schifferstadt hat ca. 3200 Arbeitsplätze anzubieten. Etwa 4600 Menschen pendeln täglich aus, und rund 600 kommen von außerhalb zur Arbeit in die Stadt. Die geografische Lage von Schifferstadt innerhalb des Landkreises Ludwigshafen sowie die zentralen Einrichtungen erheben die Gemeinde in die Bedeutung eines Mittelzentrums. Der wachsenden Einwohnerschaft mußte Elektrizität, Gas und Wasser in ausreichendem Umfang zur Verfügung gestellt werden.

Die früher und bis zu den dreißiger Jahren übliche Wasserentnahme am Dorfbrunnen oder über die Hauspumpe reichte nach und nach nicht mehr aus, war auch mit zunehmender Verunreinigung des Oberflächenwassers hygienisch nicht mehr zu verantworten. Das Problem mußte gelöst werden und ist gelöst worden, im Verband mit anderen Gemeinden. Eng verbunden mit der Versorgung durch Trinkwasser war die Entsorgung von Abwasser den neuen Dimensionen anzupassen. Auch diese Frage hat die Stadt gelöst, 1965 eine mechanische und 1981 die neue biologische Kläranlage in Betrieb nehmen können. Eine weitere Großinvestition, noch in Planung, wird der Bau mehrerer Regenrückhaltebecken in Verbindung mit Regenwasserpumpwerken sein. Für diese Maßnahme sind mehr als zwanzig Millionen DM veranschlagt. Was den elektrischen Strom angeht, so hatte Schifferstadt seit 1901 eine der ältesten öffentlichen Stromversorgungen in der Pfalz. Erst im September 1986 – im 50. Jahr seines Bestehens – konnte der Eigenbetrieb der Gemeinde, Elektrizitätsversorgung Schifferstadt, ein neues Betriebsgebäude beziehen, in dem alle Abteilungen samt dem Fuhrpark und den Werkstätten zentral untergebracht sind. 1985 wurden die letzten Freileitungen als Kabel unter der Erde verlegt.

Neben Industrie und Gewerbe muß in Schifferstadt auch die Landwirtschaft erwähnt werden, wo doch der Rettich – im Nebenerwerb angepflanzt – Wahrzeichen der Stadt geworden ist. Im Jahre 1912 hat ein Frankfurter Gemüsegroßhändler mit einem Schifferstadter Bahnbeamten die ersten lohnenden Rettichgeschäfte abgeschlossen. So ist diese Besonderheit heute 77 Jahre alt. Der hier angebaute Rettich wurde nicht nur nach Berlin und Hamburg, sondern auch nach München ge-

„Sympathische Vögel" am Eingang zum Schifferstadter Gymnasium.

Gärtnerische Anlage beim Südbahnhof.

liefert, wo er wegen seiner Bierdurst anregenden Wirkung große Bedeutung erlangte. Zum Thema eines Heimatfestes wurde der Rettich erstmals 1936 gemacht; 1986 fand unter großer Resonanz, auch von außerhalb der Stadt, das 50jährige Jubiläumsfest mit verkaufsoffenem Sonntag statt. Sein Platz im Kalender ist das erste Juniwochenende, wenn nicht gerade Pfingsten darauf fällt.

Zielstrebig weitet die Stadt neue Wohnbaugebiete aus, hat in den letzten Jahren mehr als 15 ha Fläche erschlossen und ist dabei, nachdem die Flächennutzungsplan-Fortschreibung rechtskräftig geworden ist, ca. 30 ha Rohbauland baureif zu machen. Die Nachfrage nach Baugrundstücken hält unvermindert an. Bereits jetzt ist Schifferstadt mit zur Zeit über 18 000 Einwohnern die größte Gemeinde im Landkreis.

Zwei Grundschulen, eine Hauptschule, eine Realschule und ein Gymnasium – die drei letztgenannten im Paul-von-Denis-Schulzentrum zusammengefaßt – sowie eine Sonderschule für Lernbehinderte, die Salierschule, stellen ein ansehnliches Bildungsangebot der Stadt dar, das von insgesamt 2980 Kindern wahrgenommen wird.

Der Erwachsenenbildung steht das Berufsbildungszentrum der KVHS, die Kreismusikschule, die Kreisvolkshochschule des Landkreises Ludwigshafen und die Volkshochschule Schifferstadt mit einem umfangreichen Programm zur Verfügung.

Sechs Kindergärten, die alle konfessionell geführt werden, wurden 1988 dem tatsächlichen Bedarf durch den Anbau von drei weiteren Gruppenräumen angepaßt. In Planung ist der Bau eines siebten Kindergartens.

Dem Ziel, den Stadtkern wohnlich und akzeptabel zu halten, dient der verabschiedete Innenstadtentwicklungsplan. Die Stadt geht dabei mit gutem Beispiel voran, hat sie doch das 1558 erbaute Alte Rathaus grundlegend renoviert, das seit 1981 als „Gute Stube" von Schifferstadt würdig zur Geltung kommt. Das historische „Adler-Gebäude", früher Gasthaus „Zum Adler", wurde ebenfalls erneuert und zu einem Heimatmuseum ausgebaut, das 1983 eröffnet werden konnte. Im „Adler" ist auch die Altenstube des „DRK-Ortsvereins Schifferstadt" untergebracht. Im Rahmen der Städtebauförderung wurde in der Zone Rehbachstraße durch Umbau von zwei Schulhäusern ein „Haus der Vereine" und die Stadtbücherei geschaffen, die am 2. November 1988 feierlich eröffnet wurde. In Planung befindet sich noch die Sanierung des Anwesens Burgstraße 14. Diesen zahlreichen Beispielen der öffentlichen Hand folgen viele private Hände und sanieren alte Fachwerkhäuser in der Innenstadt, wobei ihnen Stadt und Kreis mit einem Zuschuß beistehen.

Der Straßenverkehr umfährt die Stadt, so daß von dieser Seite keine besonderen Probleme entstanden sind. Anders war das im Bezug auf die Eisenbahn. Sieben schienengleiche Bahnübergänge sind in den letzten fünfzehn Jahren beseitigt worden, wozu sieben Über- oder Unterführungen und ein Fußgängersteg errichtet werden mußten; zwei Bahnübergänge sind noch von Stadt und Landkreis in Planung.

In Schifferstadt wird Sport groß geschrieben. Eine Gemeindebroschüre weist 22 Turn- und Sportvereine aus. Stadt und Landkreis haben gemeinsam ein breites Angebot an Stätten geschaffen, die den vielen auf verschiedenartigste Weise interessierten Bürgern Gelegenheiten schaffen, ihren Sport auszuüben. Fast gleichzeitig mit dem Neubau der Realschule entstand nebenan eine Großsporthalle mit Konditionshalle für Spitzen- und Freizeitsportler, die sowohl den Schulen als auch den Vereinen zur Verfügung steht. Sie wurde 1980 um ein Landesleistungszentrum für Ringen erweitert. Die Eliteringer des renommierten „VfK-Schifferstadt" sind in den vergangenen 50 Jahren aus deutschen, Europa- und Weltmeisterschaften sowie aus Olympischen Spielen so oft als Sieger hervorgegangen, daß mit dem Namen Schifferstadt sofort der Begriff Ringer assoziiert wird. Wilfried Dietrich ist geachteter Ehrenbürger der Stadt. Landesleistungszentrum Ringen, Bundesstützpunkt und später sogar Teil des Olympiastützpunktes Rhein-Neckar sind die Referenzen des Sportzentrums für den Spitzensport, die ein beharrlich bohrender VfK-Vorsitzender im Laufe der Jahre erreicht hat. Sein Fernziel ist eine Sportschule mittleren Ausmaßes, deren Bau der Landessportbund Rheinland-Pfalz jetzt planen läßt. Ein Ringer-Schüler kann dann künftig am selben Ort seine schulische und berufliche Ausbildung erhalten. Das Sportzentrum der Stadt besteht außer der städtischen Großsporthalle noch aus dem Kreishallenbad mit Freischwimmbecken und Sauna, vielseitigen Außensportanlagen, einer Tennisanlage mit zwölf Plätzen (Club) und einer Halle mit drei Plätzen (privat). Die beiden Grundschulen verfügen über je eine Turnhalle und je eine Gymnastikhalle. Den Kegelfreunden stehen acht Bahnen im (privaten) Kegelzentrum zur Verfügung. Die

Paul-von-Denis-Schulzentrum.
„Europa-Stier" am Hallenbad.
Restauriertes Fachwerkhaus.

Schießsportanlage der Schützengesellschaft, zwei Fußballsport-Vereinsanlagen, eine Squash-Halle und ein Miniaturgolfplatz runden das Sportangebot in Schifferstadt ab.

Stadtwald und Naherholung haben in Schifferstadt viel miteinander zu tun. Herzog Otto von Worms konnte nicht wissen, was mit den 4000 Morgen Wald geschehen würde, die er im Jahre 983 dem Dorf Schifferstadt geschenkt hat. Die Stadt ist somit eine sehr, sehr alte Waldbesitzerin. Der Jogger, der heute seine Kreise auf den Waldwegen zieht, der Reiter, dessen Pferd sich auf den angelegten Reitwegen bewegt, oder der Genießer, der in der „Grillhütte im Wald" sein Steak verzehrt, sie alle denken wohl kaum an Herzog Otto von Worms. Schifferstadt zieht seinen Nutzen aus dem „Stadtwald", der nach jüngster Ausmessung noch immer 908 Hektar groß ist, obwohl knapp zehn Prozent der Fläche für Autobahnen, die Einrichtung eines Waldfriedhofes, eines Industrie- und eines Gewerbegebiets verbraucht worden sind. Die Bewohner Schifferstadts erfreuen sich „ihres" Waldes, pflegen ihn und halten ihn sauber. Rundwanderwege stattlicher Länge bieten Fuß- und Radwanderern Gelegenheit zur Bewegung; 1976 wurde eine Waldfesthalle erbaut, die von den Vereinen intensiv genutzt wird; das gleiche gilt für die Grillhütte, die inmitten einer Freizeitstätte errichtet worden ist. Ein Vogelpark, Übungsgelände für Schäferhunde sowie ein, beim Autobahnbau entstandener, Baggersee beleben die Landschaft und steigern den Freizeit- und Erholungswert des Stadtwaldes, der zu Recht als Landschaftsschutzgebiet anerkannt worden ist.

Behinderten Mitbürgern hat die Stadt eine beschützende Werkstatt mit rund 240 Arbeitsplätzen ermöglicht, die vom Caritas-Verband und der Heimstiftung der Pfälzischen Landeskirche gebaut und getragen wird. Im Spätjahr 1988 ist die Werkstatt in Betrieb genommen worden. Für auswärtige Behinderte, die in Schifferstadt wohnen, wird vom Verein „Lebenshilfe Speyer-Schifferstadt e.V." ein Wohnheim gebaut. 1989 soll mit dem Bau begonnen werden. Die Stadt wird die Hälfte des Grunderwerbs beitragen.

Schifferstadt, eine Stadt mit vielen Aktivitäten, eine Stadt, die zahlreiche Funktionen eines Mittelzentrums wahrnimmt, bürgerfreundlich und geschichtsbewußt – nicht zu Unrecht wird sie als „die heimliche Hauptstadt des Landkreises Ludwigshafen" bezeichnet.

VERBANDSGEMEINDE WALDSEE

Die Verbandsgemeinde Waldsee ist durch Landesgesetz zur Verwaltungsvereinfachung am 22. April 1972 gebildet worden. Sie besteht aus den Ortsgemeinden Waldsee und Otterstadt und hatte am 30. 6. 1988 7897 Einwohner. Aus der früheren „Volksschule" in Waldsee wurde für die Kinder der Verbandsgemeinde die „Hermann-Gmeiner-Grund- und Hauptschule" in der Ortsgemeinde Waldsee gebildet und entsprechend ausgebaut.

Eine Großsporthalle hat der Landkreis Ludwigshafen zusammen mit der Verbandsgemeinde Waldsee gebaut, die „Rheinauenhalle", die den sporttreibenden Bürgern zur Verfügung steht. Ein neues Feuerwehrgerätehaus ist in den letzten Jahren in Waldsee errichtet und in Gebrauch genommen worden.

Im Bereich der Abwasserbeseitigung hat sich die Verbandsgemeinde für den Anschluß an die Kläranlage der Stadt Speyer entschieden. Die entsprechenden Baumaßnahmen werden im Jahre 1990 abgeschlossen sein. Der Kostenaufwand einschließlich dem Bau von drei Regenrückhaltebecken beläuft sich auf ungefähr 18 Millionen DM.

Um die gesamte Verbandsgemeindeverwaltung unter ein Dach zu bringen, ist in den Jahren 1990 – 1992 die Errichtung eines neuen Rathauses in Waldsee vorgesehen.

Waldsee

Der Ort besitzt gleich vielen Orten in der Umgebung die Alterspatina fränkischer Gründungen und wird um 800 erstmals mit einem Namen erwähnt, in dem weder Wald noch See vorkommt – Walahesheim. Die längste Zeit seiner Geschichte, nämlich von 974 bis 1797, gehörte Waldsee zum fürstbischöflichen Hochstift Speyer.

Der Rhein war auch für Waldsee Feind und Freund zugleich. Feind wegen der immer wieder eintretenden Überschwemmungen und das, obwohl ein Teil des Dorfes auf der Hochuferkante liegt, die drei bis vier Meter höher ist als die Rheinniederung. Freund, weil er ganzen Generationen von Fischern Lohn und Brot gab. Aber der hauptsächliche Erwerbszweig war früher auch in Waldsee die Landwirtschaft und der Tabakanbau.

Mit dem Entstehen der Industrie in den nahen Großstädten haben natürlich auch viele Bürger aus Waldsee ihren Verdienst dort gesucht. Damit ergab sich der landwirtschaftliche Nebenerwerbsbetrieb, der durch die einträglichen Sonderkulturen wie Frühkartoffeln und Tabakanbau reizvoll war; diese Wirtschaftsform ist im ländlichen Bereich um die Ballungszentren fast überall entstanden, wird aber in letzter Zeit zunehmend aufgegeben.

Mit wachsendem Wohlstand und zunehmenden Ansprüchen im Zusammenhang mit der Gestaltung der Freizeit haben die an den Rheinauen gelegenen Gemeinden mit ihren Wasserflächen und langen Stränden eine bevorzugte Stellung gewonnen. Infolge zunehmender Bevölkerungszahl und der Verkürzung der Arbeitszeit wurden Naherholungsgebiete gebraucht und an den, durch Kiesausbeute breiter und tiefer gewordenen, Altrheinarmen sowie den neu entstandenen Baggerseen auch gefunden. Die Motorisierung förderte diese Entwicklung, sehr zum Leidwesen der Bürger der Gemeinde, die – vor allem an Sommerwochenenden – oft unter verstopften Straßen zu leiden haben. Über Lösungsmöglichkeiten wird nachgedacht. Eine nicht leichte Aufgabe für die nahe Zukunft.

Es entstand ein riesiger Dauercampingplatz – mit mehr als 3000 Parzellen, bundesweit einmalig – und ein zweites Dorf im Gemarkungsgebiet mit Verkaufsstellen, Gaststätten und Entsorgungszentren. Die Gastronomie im Ort und der Einzelhandel haben Vorteile von dieser Entwicklung. Andererseits haben Kiesausbeute und Naherholung stellenweise sehr stark in das empfindliche ökologische Gleichgewicht eingewirkt und die Naturschützer auf den Plan gerufen, die – zusammen mit den Behörden – versuchen, nicht umkehrbare Schäden an der Natur zu verhindern.

Hier gilt es wachsam zu sein, und man ist wachsam. Denn es sind viele Interessengruppen, die ihren Nutzen oder Genuß aus den Naherholungsgebieten im Landkreis ziehen wollen, und der Landkreis war gut beraten, einen Kreis-Umweltschutzpreis auszuloben. Diese Initiative wissen die Naturschützer zu schätzen.

Eine Partnerschaft pflegt die Ortsgemeinde seit 1974 mit der französischen Gemeinde Ruffec (Charente). Inzwischen gibt es in Waldsee einen neu angelegten und mit einem Brunnen gestalteten Partnerschaftsplatz, während schon zu Beginn der Partnerschaft eine Straße in einem Neubaugebiet den Namen „Ruffecer Straße" erhalten hat.

1988 hat die Ortsgemeinde Waldsee die Anerkennung als Ortserneuerungsgemeinde bekommen.

Tabakschuppen.

Der „Stickelspitzerbrunnen" auf dem Königsplatz in Otterstadt.

Otterstadt

Otterstadt, im Jahre 1972 mit Waldsee zu einer Verbandsgemeinde zusammengeschlossen, gehörte vom 11. Jahrhundert bis 1792 dem Speyerer St.-Guido-Stift an, war eine ruhige Fischer- und Bauerngemeinde, die allerdings im Verlauf der politischen Händel immer wieder in Mitleidenschaft gezogen wurde. Aber auch der Rhein, dieser ehedem unbändige Bursche, hatte kein Verständnis für brave Fischers- und Bauernleute und benahm sich ihnen gegenüber immer wieder äußerst ungnädig.

Aber Pfälzer sind nun mal nicht durch Hochwasser oder Truppeneinquartierung unterzukriegen. Aus der Gemeinde, die 1876 „die Einrichtung einer Fortbildungsschule" abgelehnt hat, da „sie ja doch keinen Erfolg verspreche", die 1926 keinen gemeindlichen Baugrund an Zuzugswillige abgeben wollte und 1931 keinen Wohnraum für Neubürger zur Verfügung stellte, entwickelte sich nach Kriegsende zu einem flexiblen, lebendigen Gemeinwesen.

1951 hat man das „Heimat- und Karpfenfest" als Gemeindefest beschlossen. Die Räte haben die restriktiven Bestimmungen gegenüber Baulandsuchenden aufgehoben und Erschließungen und Straßenbau nebst den erforderlichen Infrastrukturmaßnahmen in Gang gebracht.

Ein Wort zum Dorfgemeinschaftshaus, das als „Remigius-Haus" am 13. Januar 1984 übergeben wurde. Das Gebäude nimmt den Platz der 1750 zu Ehren des Bischofs Remigius geweihten, alten Kirche ein. Diese erwies sich hundert Jahre danach bei einer Gemeindegröße von 1352 Katholiken (1850) als zu klein. Nach langwieriger Planung bekam Otterstadt eine neue Kirche, die am 8. September 1891 geweiht werden konnte. Damit war die alte Kirche, baulich in mitgenommenem Zustand, frei und wurde 1895 vom „Spar- und Darlehenskassenverein", später Raiffeisengenossenschaft, gemietet – für 25 Mark im Jahr! Die Raiffeisengenossenschaft kaufte Kirche und Grundstück 1920 für 10 000 Mark. Sie benutzte sie als Lagerraum für Saatgut, Düngemittel u.ä.

1977 ging das Kirchenanwesen zum Preis von 150 000 Mark wieder in Gemeindebesitz über. Am 20. Dezember 1980 billigte der Gemeinderat die Umbau- und Renovierungspläne in ein Dorfgemeinschaftshaus. Dieses, trotz der Zuschüsse von Land und Kreis große finanzielle Engagement, wie auch die gleichzeitige Errichtung der „Sommerfesthalle", als Ort für Dorf- und Vereinsfeste – ebenfalls 1984 eingeweiht – gereicht einer Gemeinde mit nur knapp 3.300 Bewohnern zur Ehre. Mit dem 1985/6 umgestalteten „Königsplatz", so benannt aus Anlaß des Besuches von Prinz Luitpold von Bayern nach der niedergeschlagenen Revolution von 1848/49 in der Pfalz, mit dem „Stickelspitzerbrunnen", den der Speyerer Bildhauer Zeuner in eindrucksvoller Weise gestaltet hat, hat Otterstadt sich ein Gemeindedenkmal geschaffen und „geleistet", das als Ortsmittelpunkt eine wichtige Funktion ausübt und „pfälzisch-verschmitzt", künstlerisch hervorragend gelungen ist.

So hat auch Otterstadt die Zeichen der Zeit verstanden und sich zu einem gesuchten Ort zum Wohnen außerhalb der Stadt entwickelt. Im Jahre 1988 wurde Otterstadt als Ortserneuerungsgemeinde anerkannt.

AUTOREN

Albrecht Walther, geb. 1917, Kaufmann, Autor des Bildbandes „Frankenthal und Umgebung", wohnt in Frankenthal.

Bartholomé Dr. Ernst, geb. 1940, Jurist, seit 1983 Landrat des Kreises Ludwigshafen, wohnt in Römerberg.

Bettag Erich, geb. 1936, Mikroskopiker, Beauftragter für Landespflege des Landkreises Ludwigshafen, Träger des Verdienstordens des Landes Rheinland-Pfalz, wohnt in Dudenhofen.

Becker-Marx Dr. Kurt, geb. 1921, Prof. für Raumordnung und Landesplanung an der Universität Mannheim, ehemaliger Landrat des Kreises Ludwigshafen, wohnt in Bad Herrenalb.

Bohle Dr. Herbert, geb. 1937, Prof. für Ackerbau und Grünlandwirtschaft, Leiter der BASF-Gutsverwaltung Limburgerhof, wohnt in Limburgerhof-Rehhütte.

Bosl Gerlinde, geb. 1935, Verwaltungsangestellte, freiberufliche Tätigkeit: Journalismus, Literatur und Volkskunde, wohnt in Böhl-Iggelheim.

Dobler Irmgard, geb. 1934, Dipl.-Bibliothekarin, Leiterin der staatl. Büchereistelle Rheinhessen-Pfalz in Neustadt, wohnt in Neustadt/Weinstraße.

Gehrke Karl-Ernst, geb. 1943, Jurist, Dezernent bei der Kreisverwaltung Ludwigshafen, wohnt in Ludwigshafen.

Jöckle Clemens, geb. 1950, Kunsthistoriker und Mitglied des Autorenausschusses eines Kunstverlags in München, wohnt in Speyer.

Jung Alois, geb. 1919, früher Lehrer und Konrektor, Hobby: Historie des jungen Maxdorf, seit 1956 Sportbeauftragter des Landkreises Ludwigshafen, wohnt in Maxdorf.

Matzker Dr. Nikolaus, geb. 1925, Dipl.-Volkswirt, bis zu seiner Pensionierung 1987 Geschäftsführer der Industrie- und Handelskammer für die Pfalz, wohnt in Mannheim.

Mertzenich Rolf, geb. 1954, Kunsthistoriker, tätig als Denkmalpfleger für das rheinland-pfälzische Landesamt für Denkmalpflege, wohnt in Worms.

Prappacher Ernst, geb. 1927, Fagottist, Orchestermusiker beim Nationaltheater Mannheim, 7 Jahre Waldorf-Lehrer, seit 1985 Leiter der Musikschule des Landkreises Ludwigshafen, wohnt in Mannheim.

Schädler Dr. Paul, geb. 1930, Jurist, Regierungspräsident von Rheinhessen-Pfalz, von 1969 bis 1983 Landrat des Kreises Ludwigshafen, wohnt in Dudenhofen.

Schmid Meinolf, geb. 1935, früher Lehrer und Schulleiter, seit 1975 Leiter der Volkshochschule des Landkreises Ludwigshafen, wohnt in Dudenhofen.

Schmidt Dr. Hans Ludwig, geb. 1926, Mikrobiologe, beschäftigt bei der Landwirtschaflichen Untersuchungs- und Forschungsanstalt in Speyer, ehrenamtlich tätig in der Landespflege für die Stadt Speyer und den Landkreis Ludwigshafen, wohnt in Speyer.

Stalla Franz, geb. 1931, Maschinenbau-Ingenieur bei der BASF, seit über 30 Jahren im Vogelschutz tätig, wohnt in Ludwigshafen.